Stricken
für Jungs & Mädels

JULIE JAEKEN / JULIJA'S SHOP
FOTOGRAFIE CLAIR OBSCUR

Stricken für Jungs & Mädels

Unkomplizierte Modelle für Babys und
Kinder bis 12 Jahre

südwest

Julies Vorwort

Im September 2009 machte ich meine Leidenschaft zum Beruf und eröffnete in Antwerpen mein Wollgeschäft Julija's shop. Ein paar Monate später wurde ich mit meinem ersten Kind schwanger und machte mich schon bald an die Herstellung der Babyausstattung; es verging kein Tag, an dem ich nicht ein paar Stunden strickte. Die Pullover, die so entstanden sind, zeige ich Ihnen gern auf meinem Blog (www.julijasshop.blogspot.be, www.julijaswardrobe.blogspot.be) und in der Auslage von Julija's shop. Mittlerweile ist meine Tochter Moo die Große und hat mit Flor und Jos schon zwei kleine Geschwister dazubekommen. Weil stricken wohl süchtig macht, habe ich noch immer täglich neue Pulloverideen. Obwohl ein Projekt noch nicht fertig ist, entstehen schon die Pläne für das nächste. Die positiven Reaktionen, die ich in den vergangenen fünf Jahren von Leserinnen und Lesern meines Blogs sowie Kundinnen und Kunden bekam, haben mich motiviert, meine Werke in einem Buch vorzustellen. Ich hoffe, dass ich damit noch mehr Menschen anrege, für ihre Kinder und Enkel zu Stricknadeln und Garn zu greifen.

JULIE JAEKEN

INHALT

Charlotte, S. 24

Luca und Lena, S. 26

Mats, S. 28

Frieda (klein), S. 30

Frieda (groß), S. 32

Elias und Emma, S. 34

Amelie, S. 36

Luis und Luisa, S. 38

Maja, S. 40

Arthur, S. 42

Hinten geknöpftes Jäckchen »Papas Schnauzbart«, S. 44

David, S. 46

Max, S. 48

Felix, S. 50

Samuel, S. 52

Emil, S. 54

Fabian (klein), S. 56

Lars (klein), S. 58

Lilly (klein), S. 60

INHALT

Moritz, S. 62

Jonathan und Julia (klein), S. 64

Tim, S. 66 (Vorder- und Rückseite)

Noah und Nele, S. 68

Sophie, S. 72

Lilly (groß), S. 74

Lena, S. 76

Hannah, S. 78

Elisa, S. 82

Ellen, S. 84

Lucie, S. 85

Nina, S. 88

Violetta, S. 90

Ida, S. 92

INHALT

Hannes, S. 94

Tom, S. 98

Greta, S. 100

Ben, S. 102

Isabel, S. 104

Mia, S. 106

Lars (groß), S. 110

Jonathan und Julia (groß), S. 112

Fabian (groß), S. 114

Marcel, S. 116

Jonathan und Julia (groß), S. 118

Leon, S. 120

Lola, S. 122

Jan und Jana, S. 126

Stricken:
SCHRITT FÜR SCHRITT

WIE ERHALTE ICH EIN KNÄUEL?

Viele schöne Garne werden in Strängen verkauft. Bevor Sie loslegen können, muss ein Strang noch zum Knäuel gewickelt werden.

ANFANGSMASCHE

 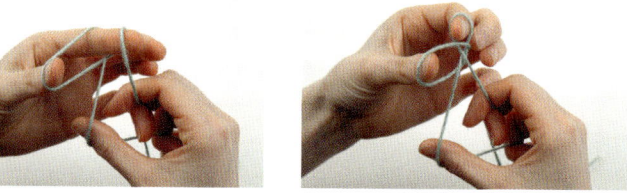

Eine Schlinge machen. Den linken Faden über den rechten legen.

Den unteren Faden durch die Schlinge holen.

Die Schlinge anziehen.

Diese Schlinge auf eine Stricknadel setzen und fest anziehen.

MASCHEN ANSCHLAGEN

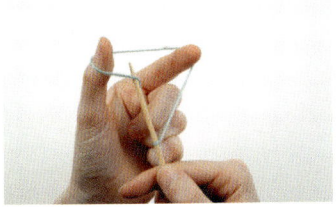

Zum Anschlagen der Maschen gibt es mehrere Methoden. Ich schlage die Maschen immer mit einer Stricknadel an. Die Anfangsmasche befindet sich auf der Stricknadel. Den kurzen Faden in die linke Hand nehmen und erst um den Daumen, dann um den Zeigefinger legen.

Die Stricknadel hinter den Faden, der um den Daumen liegt, führen. Mit der Stricknadel zu einer Schlinge ziehen.

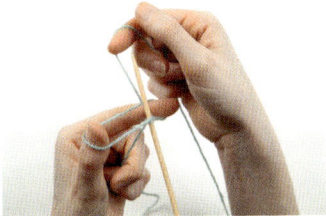

Anschließend den Faden, der vom Knäuel kommt, von unten nach oben holen ...

... und von hinten um die Stricknadel führen.

Dann den Faden, der vom Daumen kommt, über die Nadel holen, den Faden von Daumen und Zeigefinger gleiten lassen und anziehen.

Wiederholen, bis genügend Maschen auf der Nadel sind.

RECHTE MASCHEN STRICKEN

Der Arbeitsfaden liegt hinter der Arbeit. Die rechte Stricknadel von vorn nach hinten in die erste Masche einstechen.

Den Faden von unten nach oben um die rechte Stricknadel legen und durch die Masche auf der linken Stricknadel ziehen.

Die Masche von der linken Stricknadel gleiten lassen.

LINKE MASCHEN STRICKEN

Der Arbeitsfaden liegt vor der Arbeit. Die rechte Stricknadel von hinten nach vorn in die erste Masche einstechen.

Den Faden von unten nach oben um die rechte Stricknadel legen.

Den Faden durch die Masche auf der linken Stricknadel ziehen.

Die Masche von der linken Stricknadel gleiten lassen.

ABNEHMEN, ZWEI MASCHEN RECHTS ZUSAMMENSTRICKEN

Der Arbeitsfaden liegt vor der Arbeit. Die rechte Stricknadel von vorn nach hinten in die nächsten beiden Maschen einstechen.

Den Faden von unten nach oben um die rechte Stricknadel legen.

Den Faden durch die beiden Maschen auf der linken Stricknadel ziehen.

Zum Schluss die beiden Maschen von der linken Stricknadel gleiten lassen.

ABNEHMEN, ZWEI MASCHEN LINKS ZUSAMMENSTRICKEN

Der Arbeitsfaden liegt vor der Arbeit. Die rechte Stricknadel von hinten nach vorn in die nächsten beiden Maschen einstechen.

Den Faden von unten nach oben um die rechte Stricknadel legen.

Den Faden durch die beiden Maschen auf der linken Stricknadel ziehen.

Zum Schluss die beiden Maschen von der linken Stricknadel gleiten lassen.

ABNEHMEN, EINFACHER ÜBERZUG

Der Arbeitsfaden liegt hinter der Arbeit.

Die erste Masche von der linken auf die rechte Stricknadel abheben, ohne sie zu stricken.

Die nächste Masche stricken.

Die abgehobene Masche über die gestrickte Masche ziehen.

DOPPELT ABNEHMEN: DOPPELTER ÜBERZUG

Die erste Masche von der linken auf die rechte Stricknadel abheben, ohne sie zu stricken.

Die nächsten beiden Maschen zusammenstricken. Die abgehobene Masche über die beiden zusammengestrickten Maschen ziehen.

ZUNEHMEN, IN DER REIHE

Den Querfaden zwischen zwei Maschen aus der vorigen Reihe aufnehmen. Diese Schlinge bildet eine neue Masche.

Diese Masche rechts verschränkt abstricken.

MASCHE ZUM ZUNEHMEN ZWEIMAL STRICKEN

Der Arbeitsfaden liegt hinter der Arbeit.

Die erste Masche rechts stricken, aber die Masche der Vorreihe nicht von der linken Nadel gleiten lassen.

Dann aus derselben Masche eine linke Masche stricken.

Nun die Masche von der linken Stricknadel gleiten lassen.

ZUNEHMEN, UMSCHLAG

Der Arbeitsfaden liegt hinter der Arbeit. Den Faden von unten nach oben über die rechte Häkelnadel legen.

Die nächste Masche stricken.

Mit dem Umschlag mache ich Knopflöcher.

 KNOPFLOCH

Arbeiten Sie folgendermaßen: zwei Maschen rechts zusammenstricken, einen Umschlag, die Nadel weiter abstricken. In der Rückreihe diese Masche (den Umschlag) nicht verschränkt stricken, sodass ein kleines Loch entsteht.

ABKETTEN

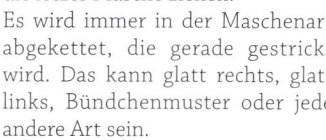

Zwei Maschen stricken.

Die erste Masche auf der rechten Stricknadel über die zweite Masche auf der rechten Nadel ziehen.

Die nächste Masche stricken. Die letzten beiden Schritte bis zur letzten Masche wiederholen.

Den Faden abschneiden und durch die letzte Masche ziehen.
Es wird immer in der Maschenart abgekettet, die gerade gestrickt wird. Das kann glatt rechts, glatt links, Bündchenmuster oder jede andere Art sein.

SPANNEN

Wenn alle Teile gestrickt sind, beginnt eine schwierige und für mich weniger schöne Arbeit: das Fertigstellen. Vor dem Zusammennähen müssen Sie alle Teile spannen. Das heißt, Sie spannen alle Teile einzeln in der gewünschten Größe mit Stecknadeln auf eine Matratze oder auf das Bügelbrett. Auf die aufgespannten Teile legen Sie dann ein feuchtes Küchenhandtuch und lassen alles trocknen. Wenn es richtig trocken ist, entfernen Sie Küchenhandtuch und Stecknadeln. Jetzt sind alle schiefen Maschen hübsch gleichmäßig, und die Teile sind fertig zum Zusammennähen. Das Spannen kann Wunder wirken.

Warum ich nicht bügele? Bügeln macht eine Strickarbeit aus Wolle sehr platt, und das sieht nicht gut aus.

ZUSAMMENFÜGEN EINER STRICKARBEIT

Beim Zusammensetzen eines Pullovers gibt es unterschiedliche Möglichkeiten.
Ich verwende hierfür immer den Matratzenstich.

Beide Teile mit der rechten Seite nach oben legen.

Mit einer stumpfen Nadel den Faden zwischen der ersten und der zweiten Masche aufnehmen. Dies abwechselnd an Teil 1 und Teil 2 durchführen.

Nach ein paar Zentimetern den Faden anziehen.

So weiterarbeiten, bis die Naht komplett geschlossen ist.

MASCHEN FÜR DIE BÜNDCHEN AUFNEHMEN

Ein Garnknäuel zur Hand nehmen. Zwischen zwei Maschen der Vorreihe eine Masche aufnehmen. Die Stricknadel zwischen den beiden Maschen einstechen.

Den Faden hinter der Arbeit um die Stricknadel legen.
Dann die Stricknadel zwischen den beiden Maschen der Strickarbeit durchführen.

Dies wiederholen, bis genügend Maschen auf der Nadel sind.

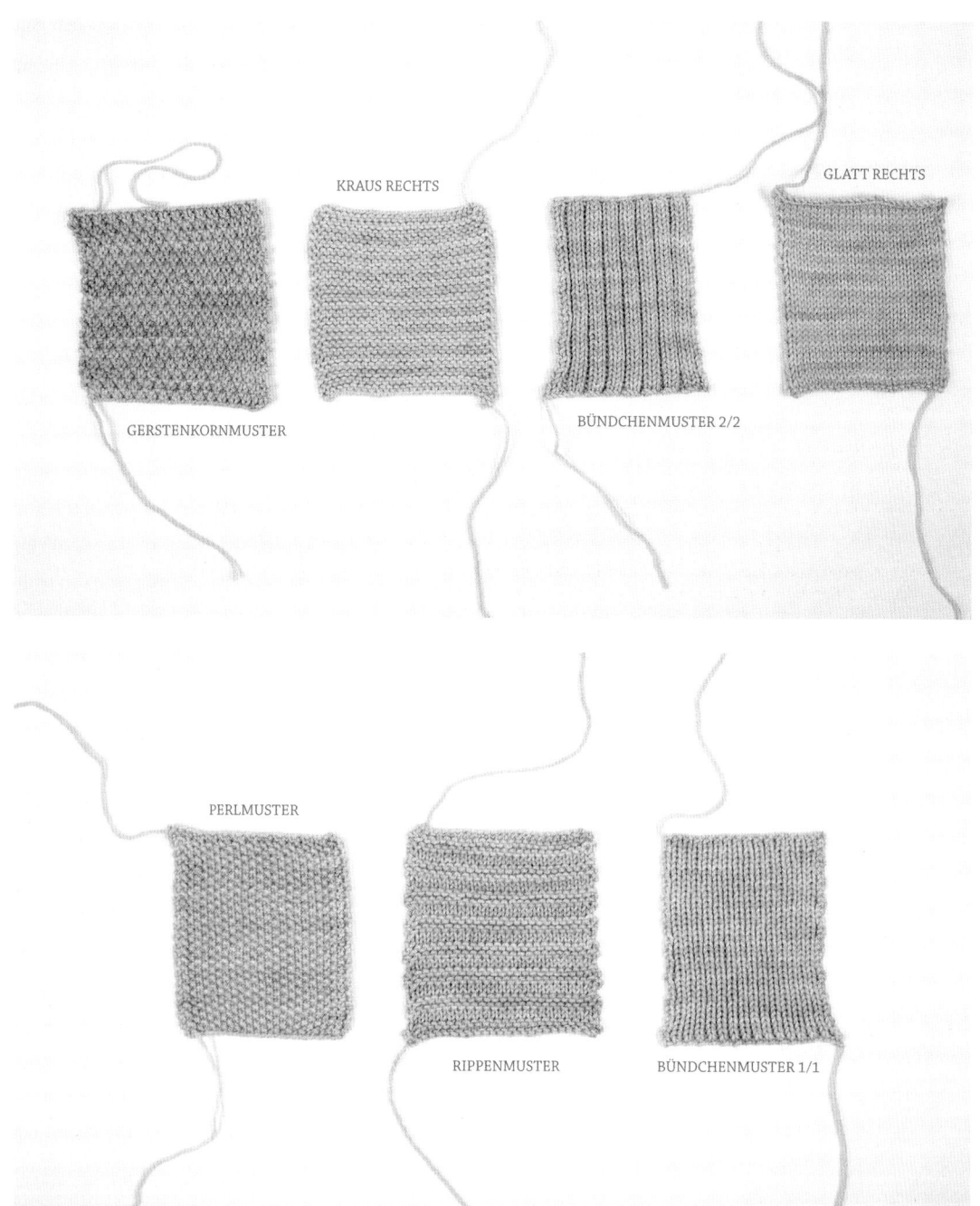

GRÖSSENTABELLE

Größe	0 Monate	3 Monate	6 Monate	12 Monate	18 Monate
Brustumfang	42 cm	46 cm	50 cm	56 cm	60 cm
Rückenlänge	23 cm	25 cm	27 cm	30 cm	32 cm
Länge Arminnenseite (Achsel bis Handgelenk)	14 cm	16 cm	18 cm	20 cm	22 cm

Größe	2 Jahre	4 Jahre	6 Jahre	8 Jahre	10 Jahre
Brustumfang	64 cm	68 cm	72 cm	76 cm	80 cm
Rückenlänge	33 cm	35 cm	37 cm	39 cm	42 cm
Länge Arminnenseite (Achsel bis Handgelenk)	24 cm	26 cm	28 cm	30 cm	32 cm

Diese Größentabelle gibt die Maße der fertigen Pullover an. Die Jäckchen fallen etwas größer aus als die Pullover.

AM HÄUFIGSTEN VERWENDETE MUSTER

Glatt rechts
1 R re, 1 R li

Bündchenmuster 1/1
R1: *1 M re, 1 M li*
R2: Die M so str, wie sie erscheinen.

Bündchenmuster 2/2
R1: *2 M re, 2 M li*
R2: Die M so str, wie sie erscheinen.

Kraus rechts
Alle R re str.

Perlmuster
R1: *1 M re, 1 M li*
R2: *1 M li, 1 M re*

Gerstenkornmuster
R1: *1 M re, 1 M li*
R2 und R4: Die M so str, wie sie erscheinen.
R3: *1 M li, 1 M re*

Rippenmuster
R1/2/3/4/5: Re M str.
R6: Li M str.

ACHTUNG:
Anweisungen, die zwischen Sternchen stehen, werden wiederholt. So bedeutet beispielsweise *1 R re, 1 R li *, dass im Wechsel rechte und linke Reihen gestrickt werden.

ABKÜRZUNGEN

Stricken
abk: abketten
Abn: Abnahme
abn: abnehmen
aufn: aufnehmen
li: links, linke(r,s)
M: Masche(n)
R: Reihe(n)
re: rechts, rechte(r,s)
str: stricken
Zun: Zunahme
zun: zunehmen
zusstr: zusammenstricken

Häkeln
fM: feste Masche(n)
hStb: halbe(s) Stäbchen
Km: Kettmasche(n)
Lm: Luftmasche(n)
Rd: Runde(n)
Stb: Stäbchen

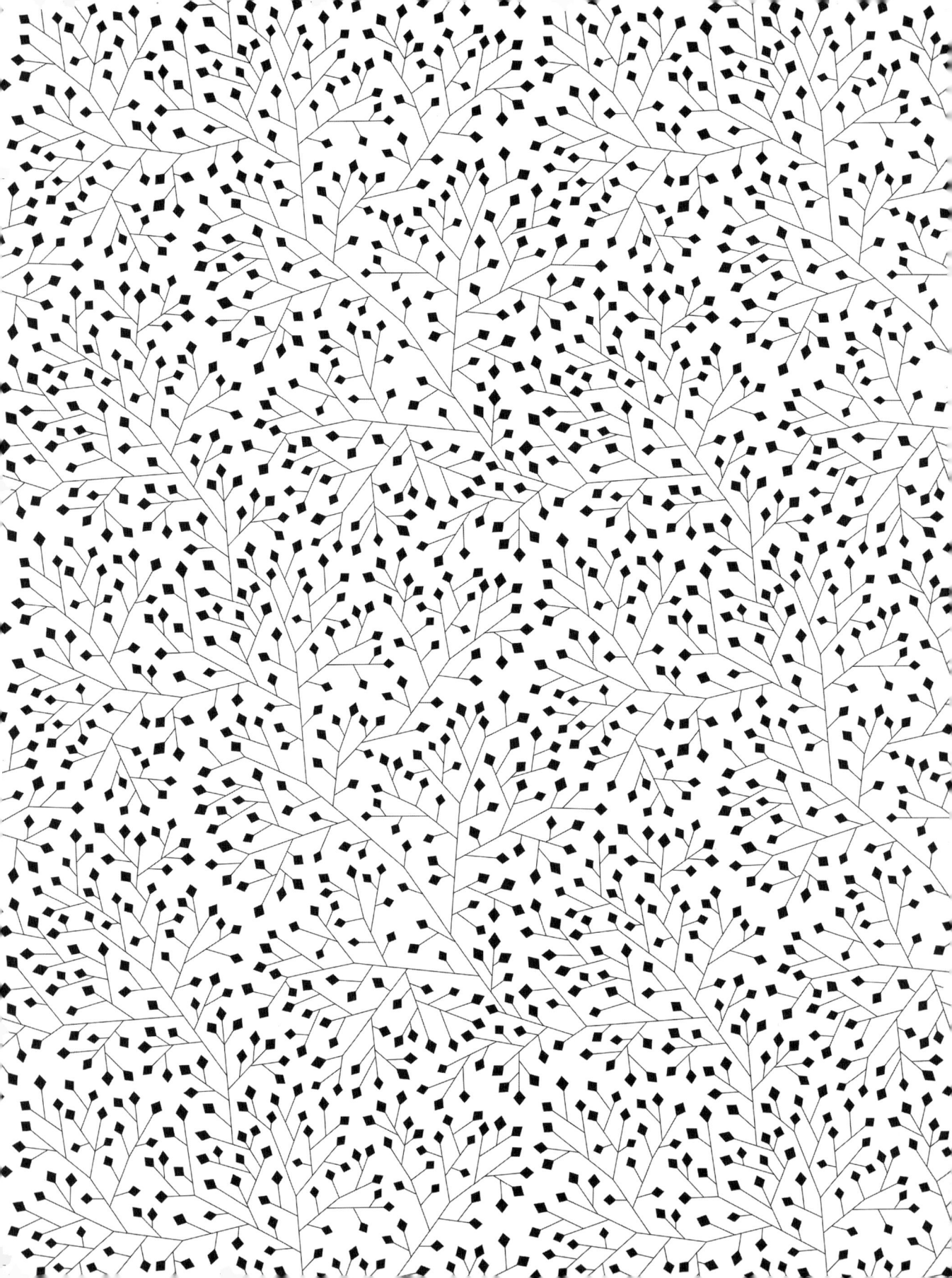

Strickmodelle

für Babys bis 2 Jahre
und Kinder bis 12 Jahre

TIPP

Das graue Jäckchen habe ich nach diesem Muster gearbeitet, aber ich habe keine Bündchen in 2/2er-Muster gestrickt. Das blaue Jäckchen ist im Gerstenkorn- anstatt im Perlmuster gearbeitet. Ich habe mit doppelt genommener Alpakawolle von La Droguerie gearbeitet.

Charlotte

Jäckchen im Perlmuster

GRÖSSE 0/3/6/12/18 MONATE

SIE BRAUCHEN

Strickgarn: Blue Sky Alpacas Suri Merino, 60 % Baby Suri Alpaca, 40 % Merinowolle, 2/3/3/4/4 × 100 g (149 m)
Knöpfe: 4/4/5/5/5, Durchmesser 15 mm
Stricknadeln: Nr. 4,5 und 5

MUSTER

Perlmuster: R1: *1 M re, 1 M li*, R2: *1 M li, 1 M re*
Bündchenmuster 2/2: R1: *2 M re, 2 M li*, R2: Die M so str, wie sie erscheinen.

MASCHENPROBE

Im Perlmuster 10 cm × 10 cm: 20 M und 32 R

AUSFÜHRUNG

Rückenteil

Mit Stricknadeln Nr. 4,5 anfangen und 44/48/54/58/62 M anschlagen. 4 R im Bündchenmuster 2/2 str. Mit Nadeln Nr. 5 und Perlmuster weiterarbeiten. Nach insgesamt 14/16/18/20/22 cm für die Armausschnitte auf beiden Seiten 4 M abk = 36/40/46/50/54 M. Dann (2 M nach dem Rand) in jeder 2. R auf beiden Seiten folgendermaßen abn: 2 M re, 2 M zusstr, bis zur 4. M vor dem Rand str, 1 einfacher Überzug, 2 M re. Diese Abn 4/4/5/5/6 × wiederholen. Nach insgesamt 25/28/30/32/34 cm die übrigen 28/32/36/40/42 M abk.

Linkes Vorderteil

Mit Stricknadeln Nr. 4,5 beginnen und 22/24/26/28/30 M anschlagen. 4 R im Bündchenmuster 2/2 str. Mit Nadeln Nr. 5 in Perlmuster weiterarbeiten. Nach insgesamt 14/16/18/20/22 cm für die Armausschnitte links 4 M abk = 18/20/22/24/26 M. Nun links wie beim Rücken abn = 14/16/17/19/20 M. Für den Halsausschnitt nach insgesamt 19/22/25/29/31 cm rechts in jeder 2. R folgendermaßen abn: 3/4/5/5/5 M (1 ×), 2 M (1 ×), 1 M (3/3/3/4/4 ×). Nach insgesamt 25/27/30/32/34 cm die übrigen M abk.

Rechtes Vorderteil

Wie das linke Vorderteil str, jedoch spiegelverkehrt.

Ärmel

Mit Stricknadeln Nr. 4,5 beginnen und 34/36/38/40/42 M anschlagen. 4 R im Bündchenmuster 2/2 str. Mit Stricknadeln Nr. 5 im Perlmuster weiterarbeiten. Dann auf beiden Seiten 1 M zun:
0/3/6 Monate: 1 M in jeder 16. R (2/3/4 ×) = 38/42/46 M.
12/18 Monate: 1 M in jeder 18. R (5/6 ×) = 50/54 M.
Nach insgesamt 12/14/16/18/20 cm für die Armausschnitte wie beim Rückenteil formen. Auf beiden Seiten 4 M abk, dann auf beiden Seiten wie beim Rückenteil abn. Die übrigen 22/26/28/32/45 M abk. Den zweiten Ärmel identisch arbeiten.

Kapuze

Mit Stricknadeln Nr. 5 beginnen und 5/5/6/7/7 M anschlagen. Im Perlmuster str. Gleichzeitig rechts in jeder 2. R zun:
0 Monate: 5 M (5 ×) = 30 M.
3 Monate: 5 M (1 ×), anschließend 6 M (4 ×) = 34 M.
6 Monate: 6 M (4 ×), danach 8 M (1 ×) = 38 M.
12/18 Monate: 7 M (5 ×) = 42 M.
Nach insgesamt 33/37/41/45/45 cm rechts in jeder 2. R abk:
0 Monate: 5 M (6 ×) = 30 M.
3 Monate: 6 M (4 ×), anschließend 5 M (2 ×) = 34 M.
6 Monate: 8 M (1 ×) danach 6 M (5 ×) = 38 M.
12/18 Monate: 7 M (6 ×) = 42 M.

Fertigstellen

Die Schulternähte schließen. Kapuze falten und die Rückseite zunähen. Die schräge Naht ist die Naht, die an den Halsausschnitt genäht wird; die gerade Naht wird geschlossen. Diese Naht in der Mitte des hinteren Halsausschnittes platzieren. Die Ärmel einsetzen, die Seitennähte und die Ärmelnähte schließen. Rund um Vorderteile und Kapuze M aufn und 6 R im Bündchenmuster 2/2 str. In der 2. R 4/4/5/5/5 Knopflöcher einarbeiten (2 M zusstr, 1 Umschlag); das 1. Knopfloch nach 4 M ab der Unterkante und das letzte 4 M vor der Kapuze. Die anderen Knopflöcher gleichmäßig verteilen.

LUCA UND LENA

Mütze, Schal und Fäustlinge

GRÖSSEN 0–3/6/12/18 MONATE

SIE BRAUCHEN

Strickgarn: Manos del Uruguay Silk Blend semi solid, 70 % Merinowolle, 30 % Seide, für die Mütze 1 × 50 g (135 m), für den Schal 1 × 50 g (135 m), für die Handschuhe 1 × 50 g (135 m)
Stricknadeln: Nr. 4 und 4,5

MUSTER

Glatt rechts: *1 R re, 1 R li*
Bündchenmuster 2/2: R1: *2 M re, 2 M li*, R2: Die M so str, wie sie erscheinen.
Kraus rechts: Alle R re str.

MASCHENPROBE

Glatt rechts: 10 cm × 10 cm = 21 M und 32 R

AUSFÜHRUNG

Mütze mit Streifen und Bündchenmuster 2/2:

Mit Stricknadeln Nr. 4 beginnen und 74/82/86/94 M anschlagen. 2 cm im Bündchenmuster 2/2 (Farbe Natur) str, dann mit den 4,5er-Nadeln weiterarbeiten, Streifen in glatt rechts (2 R in Natur, 2 R in Grün). Nach 12/13/14/15 cm für den oberen Teil der Mütze mit dem Abnehmen beginnen.
1. Abn: 2/2/1/1 M re, *5 M re, 2 M zusstr*, von * bis * wiederholen und mit 2/3/1/2 M re enden. 1 R li str.
2. Abn: 2/2/1/1 M re, *4 M re, 2 M zusstr*, von * bis * wiederholen und mit 2/3/1/2 M re enden. 1 R li str.
3. Abn: 2/2/1/1 M re, *3 M re, 2 M zusstr*, von * bis * wiederholen und mit 2/3/1/2 M re enden. 1 R li str. Diese Abnahmenfolge wiederholen, bis 22 M übrig bleiben. Dann jeweils 2 M zusstr = 11 M. Noch 1 × wiederholen = 6 M. Den Faden durch die verbliebenen M ziehen. Bommel anfertigen und annähen.

TIPP

Kraus rechts gestrickte Mütze mit 2/2er-Bündchen

Die Mütze einfarbig str. Zuerst ein 2 cm hohes Bündchen 2/2er-Muster str, dann glatt rechts weiterarbeiten. Weiter der Anleitung zur gestreiften Mütze folgen.

TIPP

Zweifarbige Mütze

Der Anleitung für die gestreifte Mütze folgen. Ein 2/2-Bündchen str und glatt rechts weiterarbeiten. Nach 12/13/14/15 cm in der zweiten Farbe (Hellblau) weiterstricken.

Schal in zwei Farben:

Länge: 60/70/80 cm
5 M mit Stricknadeln Nr. 4,5 anschlagen und 2 R re str.
1. Zun: 2 M re, 1 Zun in der R, 1 M re, 1 Zun in der R, 2 M re = 7 M. 1 R re str.
2. Zun: 3 M re, 1 Zun in der R, 1 M re, 1 Zun in der R, 3 M re = 9 M. 1 R re str.
3. Zun: 3 M re, 1 Zun in der R, 3 M re, 1 Zun in der R, 3 M re = 11 M. 1 R re str.
Diese Zun auf beiden Seiten in jeder 2. R nach 3 M wiederholen, bis 21 M erreicht sind. Dann kraus rechts weiterstricken. Nach 30/35/40 cm (gemessen nach den Zun) die Farbe wechseln. 30/35/40 cm in der anderen Farbe str; danach mit den Abn beginnen:
R1: 3 M re, 2 zusstr, bis 5 M vor dem Rand str, 2 M zusstr, 3 M re.
R2: Alle M re str.
Diese 2 R wiederholen, bis 9 M übrig sind.
3 M re str, 3 M zusstr, 3 M re.
2 M re str, 3 M zusstr, 2 M re.
Die verbliebenen 5 M abk.
Zwei Bommeln anfertigen und an die Enden des Schals nähen.

Fäustlinge:

30/38/42 M mit Stricknadeln Nr. 4 anschlagen und 4/5/6 cm im Bündchenmuster 2/2 str. Mit 4,5er-Nadeln kraus rechts weiterarbeiten. Nach 8/9/10 cm für den oberen Rand abn:
1. Abn: *3 M re, 2 M zusstr*, mit 3 M re enden. 1 R re str.
2. Abn: *2 M re, 2 M zusstr*, mit 3 M re enden. 1 R re str.
3. Abn: *1 M re, 2 M zusstr*, mit 3 M re enden. 1 R re str.
In der nächsten R immer 2 M zusstr, bis 1 M übrig bleibt.
Den Faden durch die übrigen M ziehen und die Seitennaht schließen.

Mats

Pullover in T-Form

GRÖSSEN 0/3/6/12/18 MONATE

SIE BRAUCHEN

Strickgarn: Manos del Uruguay Silk Blend semi solid, 70 % Merinowolle, 30 % Seide, 2/2/2/3/3 × 50 g (135 m)
Knopf: 1, Durchmesser 12 mm
Stricknadeln: Nr. 4 und 4,5
Markierringe: 2

MUSTER

Kraus rechts: Alle R re str.
Bündchenmuster 2/2: R1: *2 M re, 2 M li*, R2: Die M so str, wie sie erscheinen.

MASCHENPROBE

Kraus rechts: 10 cm × 10 cm = 21 M × 36 R

AUSFÜHRUNG

Der Pullover wird in einem Stück gestrickt. Sie fangen beim Rückenteil an und arbeiten weiter zum Vorderteil. 46/50/54/58/62 M mit Nadeln Nr. 4,5 anschlagen und kraus rechts bis zu einer Höhe von 12/14/17/19/20 cm str. Dann beidseitig mit den Zun für die Ärmel beginnen: 6 M (5/5/6/6/6 ×) = 106/110/126/130/134 M. Kraus rechts bis zu insgesamt 17/18/19/20/21 cm weiterarbeiten, dann die Arbeit in zwei Teile aufteilen. Beide Teile einzeln weiterstricken. Zuerst rechts die ersten 8/8/9/9/10 M abk und 2 cm weiter kraus rechts str.
Nach insgesamt 19/21/24/26/28 cm sind Sie nun auf der Schulterhöhe, das ist die Mitte der Strickarbeit. Einen Markierring anbringen.

2 cm weiterstricken für die linke Vorderteilseite. Die Vorderseite muss genauso lang werden wie der Rücken. Für den Halsausschnitt in jeder 2. R zun: 1 M (1/1/2/2/3 ×), 2 M (2 ×), 3 M (1 ×).
Die rechte Vorderteilseite genauso arbeiten wie die linke, jedoch spiegelverkehrt.

Jetzt alle M wieder auf eine Sticknadel nehmen und kraus rechts weiterstricken. Den Abstand von den letzten Ärmel-Zun bis zum Markierring messen – er muss mit dem Abstand vom Markierring zur ersten Ärmel-Abn identisch sein. Beidseitig auf gleicher Höhe die Ärmel-M abk: 6 M (5/5/6/6/6 ×) = 46/50/54/58/62 M. Kraus rechts 12/14/17/19/20 cm weiterstricken, gemessen ab der letzten Abn für den Ärmel.

Fertigstellen

Die Ärmel- und Seitennähte schließen. Im Halsausschnitt M aufn. 4 R im Bündchenmuster 2/2 str. Eine Schlaufe machen und den Knopf annähen.

Frieda

Maritimer Pulli mit Streifen   GRÖSSEN 0/3/6/12/18 MONATE

SIE BRAUCHEN

Strickgarn: Manos del Uruguay Silk Blend semi solid, 70 % Merinowolle, 30 % Seide, 1/1/1/2/2 × 50 g (135 m) von Farbe 1 (Natur), 1 × 50 g (135 m) von Farbe 2 (Blau)
Knöpfe: 6, Durchmesser 12 mm
Stricknadeln: Nr. 4 und 4,5
Häkelnadel: Nr. 4

MUSTER

Glatt rechts: *1 R re, 1 R li*
Bündchenmuster 2/2: R1: *2 M re, 2 M li*, R2: Die M so str, wie sie erscheinen.

MASCHENPROBE

Glatt rechts: 10 cm × 10 cm = 21 M und 32 R

AUSFÜHRUNG

Rückenteil

Zu Anfang mit Farbe 2 und 4er-Stricknadeln 46/50/54/58/62 M anschlagen. 4 R im Bündchenmuster 2/2 str. Mit Nadeln Nr. 4,5 glatt rechts in Streifen weiterstricken (2 R in Farbe 1, 2 R in Farbe 2). Nach insgesamt 12/14/16/18/19 cm für die Armöffnungen auf beiden Seiten 2 M abk = 42/46/50/54/58 M. Dann für die Raglanschrägung (nach der 2. M) in jeder 2. R: 2 M re, 1 einfacher Überzug, re M str, bis 4 M auf der Nadel übrig bleiben, 2 M zusstr, 2 M re. Diese Abn 13/14/15/17/18 × wiederholen. Zugleich noch zwei Streifen in Farbe 2 arbeiten und dann in Farbe 1 weiterstricken. Die verbliebenen 16/18/20/20/22 M abk.

Vorderteil

Wie das Rückenteil str. Nach 8/9/10/12/13 Abn für die Raglanschrägung für den Hals die mittleren 6/8/10/10/12 M abk und beide Seiten einzeln weiterstricken. Weiterhin für die Raglanschrägung abn und am Hals folgendermaßen abk: 2 M (1 ×), 1 M (2 ×). Dann die übrigen M abk.

Ärmel

Mit Farbe 2 beginnen und 26/30/30/34/34 M anschlagen. Wie den Rücken str. Beidseitig in jeder 6. R 1 M zun (4/4/5/5/6 ×) = 34/38/40/44/46 M. Nach 10/12/15/18/19 cm für den Ärmelansatz beidseitig 2 M abk = 30/34/36/40/42 M. Dann für die Schrägung jeweils nach der 1. M in jeder 2. R abn. Nach 9/11/12/14/15 Abn am linken Rand in jeder 2. R 3 M abk (3 ×). Rechts weiterhin für die Raglanschrägung abn. Dann die verbliebenen M abk. Den zweiten Ärmel genauso str, jedoch spiegelverkehrt.

Fertigstellen

Am Halsausschnitt (vorn) M aufn und mit 4er-Nadeln 4 R im Bündchenmuster 2/2 str. Die hinteren Raglannähte schließen. Am Hals (Rücken) M aufn und mit 4-er Nadeln 4 R im Bündchenmuster 2/2 str. Die vorderen Raglannähte schließen bis 5 cm vor Ausschnittrand. Seiten- und Ärmelnähte schließen. Die Knöpfe vorn auf die Raglanschrägung nähen. Mit einer Häkelnadel Schlaufen (für die Knöpfe) auf die Schrägung am Ärmel häkeln.

Frieda

Maritimer Pulli mit Streifen

GRÖSSEN 2/4/6/8/10 JAHRE

SIE BRAUCHEN

Strickgarn: Manos del Uruguay Silk Blend semi solid, 70 % Merinowolle, 30 % Seide, 2/2/2/3/3 × 50 g (135 m) von Farbe 1 (Grau), 1 × 50 g (135 m) von Farbe 2 (Blau)
Knöpfe: 6, Durchmesser 12 mm
Stricknadeln: Nr. 4 und 4,5
Häkelnadel: Nr. 4

MUSTER

Glatt rechts: *1 R re, 1 R li*
Bündchenmuster 2/2: R1: *2 M re, 2 M li*, R2: Die M so str, wie sie erscheinen.

MASCHENPROBE

Glatt rechts: 10 cm × 10 cm = 21 M und 32 R

AUSFÜHRUNG

Rückenteil

Mit den Stricknadeln Nr. 4 und Farbe 2 beginnen. 66/70/74/78/82 M anschlagen und 6 R im Bündchenmuster 2/2 str. Mit den 4,5er-Nadeln weiterarbeiten und glatt rechts Streifen str (2 R in Farbe 1, 2 R Farbe 2). Nach insgesamt 21/23/25/27/29 cm für die Armausschnitte beidseitig 2 M abk = 62/66/70/74/78 M. Danach für die Raglanschrägung nach der 2. M in jeder 2. R abn: 1 M re, 1 einfacher Überzug, re weiterstricken, bis noch 3 M auf der Nadel sind, 2 M zusstr, 1 M re. Diese Abn 19/20/22/24/26 × durchführen. Zugleich 3 weitere Streifen in der Farbe 2 nach Beginn der Raglanschrägung str und dann in Farbe 1. Die verbliebenen M abk.

Vorderteil

Wie das Rückenteil arbeiten. Nach insgesamt 32/35/38/41/44 cm für den Hals die mittleren 6/8/10/12/12 M ab und beide Seiten einzeln weiterstricken. Für den Halsausschnitt 4 M (1 ×), 3 M (1 ×), 2 M (1 ×), 1 M (1 ×) abn. Währenddessen weiter für die Raglanschrägung abn. Die verbliebenen M abk.

Ärmel

Für den linken Ärmel mit 4er-Stricknadeln und der Farbe 2 beginnen. 38/40/42/44/46 M anschlagen und 6 R im Bündchenmuster 2/2 str. Dann glatt rechts mit den 4,5-er Nadeln weiterarbeiten. Beidseitig 1 M in jeder 6. und 8. R zun (6/7/8/9/10 ×) = 50/54/58/62/64 M. Nach 21/23/25/27/29 cm für den Ärmelansatz beidseitig 2 M abk. Dann beidseitig für die Raglanschrägung jeweils nach der 2. M in jeder 2. R abn. Nach 15/16/18/20/22 Abn links 3 M abk (3 ×); rechts weiter für die Raglanschrägung abn. Die verbliebenen M abk.
Den zweiten Ärmel genauso arbeiten, jedoch spiegelverkehrt.

Fertigstellen

Die hinteren Raglannähte schließen. Die vorderen Raglannähte bis 6 cm vor Ausschnittrand schließen. Seiten- und Ärmelnähte schließen. Vorn am Hals M aufn, 6 R im Bündchenmuster 2/2 str und abk. Hinten für den Hals wiederholen. Knöpfe vorn auf die Raglanschrägung nähen und Schlaufen häkeln.

Elias und Emma

Doppelt gestricktes Jäckchen

GRÖSSEN 0/3/6/12/18 MONATE

SIE BRAUCHEN

Strickgarn: Madelinetosh Merino light, 100 % Merinowolle, 100 g (384 m)/120 g (461 m)/150 g (576 m)/180 g (691 m)/200 g (768 m) von Farbe 1 (Natur), 100 g (384 m)/120 g (461 m)/150 g (576 m)/180 g (691 m)/200 g (768 m) von Farbe 2 (Blau)
Knöpfe: 4/4/5/5/5, Durchmesser 15 mm
Stricknadeln: Nr. 3,5

MUSTER

Glatt rechts: *1 R re, 1 R li*
Kraus rechts: Alle R re str.

MASCHENPROBE

Glatt rechts: 10 cm × 10 cm = 24 M und 44 R

AUSFÜHRUNG

Rückenteil

52/56/60/66/72 M mit vorläufigem Anschlag in Farbe 2 anschlagen und kraus rechts weiterstricken. Nach insgesamt 15/16/17/19/21 cm für die Armausschnitte beidseitig 1 M abk = 50/54/58/64/70 M. Dann für die Armausschnitte jeweils nach der 2. M in jeder 2. R 2 M li zusstr (10/11/12/13/14 ×) und danach in jeder 4. R 2 M li zusstr (6 ×) = 18/20/22/26/30 M. Die verblieben M abk. Die Anschlags-M mit der anderen Farbe erneut aufn und so str wie das erste Rückenteil, jetzt jedoch glatt rechts. In jeder 2. R abn (16/17/18/19/20 ×).

Rechtes Vorderteil

31/33/35/37/39 M mit vorläufigem Anschlag in 2 anschlagen und kraus rechts str. Nach insgesamt 15/16/17/19/21 cm für die Armausschnitte rechts M abk wie beim Rücken. Dann M abn wie beim Rückenteil. Zugleich nach insgesamt 21/22/24/26/28 cm für den Halsausschnitt links in jeder 2. R folgendermaßen abk: 5 M (1 ×), 4 M (1 ×), 3 M (1 ×), 2 M (1 ×), 1 M (1 ×). Auf der anderen Seite weiter für die Raglanschrägung wie beim Rückenteil abn.
Die Anschlags-M mit Farbe 1 erneut aufn und so str wie das rechte Vorderteil, jetzt jedoch glatt rechts. M abn wie beim Rückenteil.

Linkes Vorderteil

So str wie das rechte Vorderteil, jedoch spiegelverkehrt. Nach der 8. M 4 Knopflöcher einarbeiten, das erste in der 5. R, die anderen gleichmäßig verteilen (Knopfloch: 2 M zusstr, 1 Umschlag). Auch im glatt rechts gestrickten Teil so verfahren.

Linker Ärmel

36/38/40/42/44 M in der einen Farbe mit vorläufigem Anschlag anschlagen und kraus rechts str. Zugleich beidseitig zun:
0 Monate: 1 M in jeder 8. R (5 ×) = 46 M
3/6/12/18 Monate: 1 M in jeder 10. R (6/7/8/9 ×) = 50/54/58/62 M.
Nach insgesamt 13/16/19/22/24 cm beidseitig 1 M abk und dann wie beim Rückenteil M abn. Nach 15/16/17/18/19 Abn links 3 M abk (3 ×). Auf der rechten Seite für die Raglanschrägung weiter abn. Die verbliebenen M abk.
Die Anschlags-M erneut aufn und mit der anderen Farbe wie beim ersten Ärmel str, jedoch jetzt glatt rechts. M abn wie beim Rückenteil. Nach 13/14/15/16/17 Abn links 3 M abk (3 ×). Die verbliebenen M abk.

Rechter Ärmel

Genauso str wie den linken Ärmel, jedoch spiegelverkehrt.

Kapuze

80/88/96/106/116 M mit vorläufigem Anschlag in Farbe 2 anschlagen und kraus rechts str. Nach 3 cm beidseitig 1 M in jeder 8./8./10./12./12. R abk (6 ×) = 68/76/84/94/104 M; nach insgesamt 15/16/18/20/22 cm die verbliebenen M abk.
Die Anschlags-M erneut aufn und in Farbe 1 dasselbe glatt rechts str. Jetzt in jeder 6./6./8./10./10. R abn (6 ×).

Fertigstellen

Die rückwärtige Kapuzennaht für beide Farben schließen. Die Ärmelunterseiten, dann die Raglannähte schließen. Die Kapuze in den Halsausschnitt nähen. Seitennähte schließen. Das Jäckchen in die richtige Form falten. Die vorderen Nähte schließen. Knöpfe annähen.

TIPP
Für den lachsfarbenen Pullover habe ich die Anleitung „Mia" genommen, siehe Seite 107.

Elias und Emma

Amelie
Jäckchen im Rippenmuster

GRÖSSEN 3/6/12/18/24 Monate

SIE BRAUCHEN
Strickgarn: Artesano 4ply Alpaca, 100 % Alpaka, 2/2/2/3/3 × 50 g (184 m)
Knöpfe: 3/3/3/5/5, Durchmesser 15 mm
Stricknadeln: Nr. 3 und 3,5

MUSTER
Rippenmuster:
4 R kraus, 2 R glatt
Glatt rechts: *1 R re, 1 R li*
Kraus rechts: Alle R re str.

MASCHENPROBE
Glatt rechts: 10 cm × 10 cm = 26 M und 35 R

AUSFÜHRUNG
Anfang
Dieser Pullover wird in einem Stück gestrickt. Sie beginnen am Hals. Mit Stricknadeln Nr. 3 beginnen und 50/58/66/74/82 M anschlagen. 2/2/4/4/4 R kraus rechts str. Mit den 3,5er-Nadeln im Rippenmuster weiterarbeiten (mit 4 R kraus rechts beginnen). Die ersten und letzten 5 M für die Knopflochleiste immer re str (kraus rechts).

ZUNAHMEN
Gleichzeitig folgendermaßen M zun:
1. Zun in der 1. R glatt rechts R 7/7/9/9/9: 5 M re, *1 M re, 1 M 2 × str (1 × von vorn, 1 × von hinten)*, mit 5 M re enden = 70/82/94/106/118 M.
9 R im Rippenmuster str, die ersten und die letzten 5 M immer kraus rechts.
2. Zun: 5 M re, *1 M re, 1 M 2 × str*, 5 M re = 100/118/136/154/172 M.
9 R im Rippenmuster str, die ersten und die letzten 5 M immer kraus rechts.
3. Zun: 5 M re, *1 M re, 1 M 2 × str*, 5 M re = 145/163/199/226/253 M.
9 R im Rippenmuster str, die ersten und die letzten 5 M immer kraus rechts.
4. Zun: 3/6 Monate: 5 M re, *1 M re, 1 M 2 × str*, 5 M re = 212/239 M.
12 Monate: 5 M re, *2 M re, 1 M 2 × str*, 5 M re = 262 M.
18/24 Monate: 5 M re, *3 M re, 1 M 2 × str*, 5 M re = 280/313 M.
1 R re str.

Knopflöcher
Gleichzeitig 3/3/3/5/5 Knopflöcher einarbeiten. Das erste Knopfloch 4 R von der Oberkante, die nächsten immer 10 R tiefer (Knopfloch: 2 M re, 2 M zusstr, 1 Umschlag).

Maschenaufteilung

Noch 2/6/10/14/18 R im Rippenmuster str.

Die M folgendermaßen aufteilen:
Linkes Vorderteil: 32/38/42/46/52 M.
Linker Ärmel: 44/48/52/54/60 M.
Rückenteil: 60/67/74/80/89 M.
Rechter Ärmel: 44/48/52/54/60 M.
Rechtes Vorderteil: 32/38/42/46/52 M.

Ärmel

Zum Str der Ärmel die anderen M stilllegen. Die M des ersten Ärmels aufn und im Rippenmuster weiterstricken. Beidseitig folgendermaßen abn:
3 Monate: 1 M in jeder 6. R (8 ×).
6 Monate: 1 M in jeder 8. R (9 ×).
12/18/24 Monate: 1 M in jeder 14. R (8/9/10 ×).
Nach insgesamt 12/14/16/19/22 cm ab der Raglanschrägung mit den 3er-Stricknadeln weiterarbeiten, noch 3 R str und dann abk.
Den zweiten Ärmel identisch str.

Schluss

Die übrigen stillgelegten M auf 1 Nadel nehmen und mit den 3,5er-Nadeln im Rippenmuster weiterstricken. Die ersten und letzten 5 M noch immer kraus rechts str. Nach insgesamt 13/15/17/19/22 cm die M abk.

Fertigstellen

Die Knöpfe annähen. Nähte an den Ärmelunterseiten schließen.

Luis und Luisa

Schräg gestreifte Decke

GRÖSSE 60 CM × 60 CM

SIE BRAUCHEN
Strickgarn: Manos del Uruguay Silk Blend semi solid, 70 % Merinowolle, 30 % Seide, 2 × 50 g (135 m) von Farbe 1 (Natur), 2 × 50 g (135 m) von Farbe 2 (Blau meliert), 1 × 50 g (135 m) von Farbe 3 (Blau) für die Umrandung
Stricknadeln: Nr. 4,5

MUSTER
Bündchenmuster 2/2: R1: *2 M re, 2 M li*, R2: Die M so str, wie sie erscheinen.
Kraus rechts: Alle R re str.

MASCHENPROBE
Kraus rechts: 10 cm × 10 cm = 20 M und 34 R

AUSFÜHRUNG
Decke
3 M anschlagen und 2 R in Farbe 1 str. Dann 1 M re str, 1 Zun in der R, 1 M re, 1 Zun in der R, 1 M re = 5 M. 1 R re str.
Mit Farbe 2 folgendermaßen str: 2 M re, 1 Zun in der R, 1 M re, 1 Zun in der R, 2 M re = 7 M. 1 R re str.
Mit Farbe 1 folgendermaßen str: 3 M re, 1 Zun in der R, 1 M re, 1 Zun in der R, 3 M re = 9 M. 1 R re str.
Mit Farbe 2 folgendermaßen str: 3 M re, 1 Zun in der R, 3 M re, 1 Zun in der R, 3 M re, = 11 M. 1 R str.
Danach kraus rechts in Streifen weiterarbeiten.
Alle R folgendermaßen str: 3 M re, 1 Zun in der R, re bis zum Ende. So zun, bis die ersten beiden Knäuel verbraucht sind.
Dann kraus rechts in Streifen weiterarbeiten und mit den Abn beginnen.
Alle R folgendermaßen str: 3 M re, 2 M zusstr, re bis zum Ende. Die letzten 4 M abk.

Umrandung
Nun die dritte Farbe für die Umrandung hinzunehmen. Auf der ersten Seite 130 M aufn und 8 R im Bündchenmuster 2/2 str; abk. Für die anderen Seitenkanten wiederholen. Das Ganze spannen, damit es schön gerade wird.

Maja

Decken mit Schachbrettmuster oder feinen Streifen

GRÖSSE 50 CM × 65 CM

SIE BRAUCHEN
Strickgarn: Malabrigo Worsted, 100 % Merinowolle, 2 × 100 g (192 m)
Stricknadeln: Nr. 5

MUSTER
Kraus rechts: Alle R re str.

MASCHENPROBE
Kraus rechts: 10 cm × 10 cm = 17 M und 25 R

AUSFÜHRUNG

Decke im Schachbrettmuster
108 M anschlagen und 18 R kraus rechts str.
Dann im Muster weiterstricken; die ersten 10 M und die letzten 10 M immer kraus rechts.
Die mittleren 88 M folgendermaßen str:
R1: *8 M re, 8 M li*; mit 8 M re enden.
R2: Die M so str, wie sie erscheinen.
Diese beiden R noch 5 × wiederholen.
Die nächsten 10 R folgendermaßen str:
R1: *8 M li, 8 M re*, mit 8 M li enden.
R2: Die M so str, wie sie erscheinen.
Diese beiden R noch 5 × wiederholen.
Dieses über 20 R gehende Muster wiederholen, bis insgesamt 65 cm, dann noch 18 R kraus rechts str. Die M abk.

Decke mit feinen Streifen
108 M anschlagen und 8 R kraus rechts in Blau str. Kraus rechts in Streifen weiterarbeiten (2 R in Weiß, 2 R in Grün, 2 R in Blau). Bei insgesamt 65 cm noch 8 R kraus rechts in Blau str. Die M abk.

Arthur

Decke mit Quadraten

GRÖSSE 60 CM × 75 CM

SIE BRAUCHEN
Strickgarn: Artesano Aran, 50 % Schurwolle, 50 % Alpaka, 4 × 100 g (132 m)
Stricknadeln: Nr. 5,5

MUSTER
Perlmuster: R1: *1 M re, 1 M li*, R2: *1 M li, 1 M re*

Quadratmotiv: R1: 10 M Perlmuster, * 7 M re, 1 M li*, 7 M re, 10 M Perlmuster. R2: 10 M Perlmuster, *alle M li.*, 10 M Perlmuster. R1 und R2 noch 3 × wiederholen. R9: 10 M Perlmuster, *1 M re, 1 M li*, 10 M Perlmuster. R10: 10 M Perlmuster, *alle M li.*, 10 M Perlmuster.

MASCHENPROBE
Glatt rechts: 10 cm × 10 cm = 15 M und 21 R

AUSFÜHRUNG
99 M anschlagen. 15 R Perlmuster; immer mit 1 M re anfangen. Weiterstricken im Quadratmotiv: Bei R2 beginnen und das Quadratmotiv 13 × ab R 1 wiederholen. Dann noch 1 × R 1 bis R8 des Quadratmotivs str. Mit 16 R Perlmuster enden und die M abk.

Hinten geknöpftes Jäckchen „Papas Schnurrbart"

GRÖSSEN 0/3/6/12/18 MONATE

SIE BRAUCHEN
Strickgarn: Blue Sky Alpacas Sport Weight oder Melange, 100 % Baby Alpaka, 2/3/3/4/4 × 50 g (100 m), einen Garnrest in Schwarz zum Aufsticken des Schnurrbarts
Knöpfe: 4/4/5/5/5, Durchmesser 15 mm
Stricknadeln: Nr. 4

MUSTER
Glatt rechts: *1 R re, 1 R li*
Bündchenmuster 1/1: R1: *1 M re, 1 M li*, R2: Die M so str, wie sie erscheinen.

MASCHENPROBE
Glatt rechts: 10 cm × 10 cm = 21 M und 32 R

AUSFÜHRUNG
Vorderteil
46/50/54/58/62 M anschlagen und glatt rechts str. Nach 12/14/16/18/19 cm beidseitig 2 M für die Armausschnitte abk = 42/46/50/54/58 M. Anschließend beidseitig jeweils nach der 2. M in jeder 2. R abn, dazu 2 M li zusstr. Nach 8/9/10/12/13 Abn die mittleren 6/8/10/10/12 M für den Halsausschnitt abk. Auf der Halsseite in jeder 2. R abn: 2 M (1 ×), 1 M (2 ×). Gleichzeitig weiter für die Armausschnitte abn. Die verbliebenen M abk.

Linkes Rückenteil
25/26/27/29/31 M anschlagen und glatt rechts str. Wie beim Vorderteil links nach 12/14/16/18/19 cm 2 M für die Armausschnitte abk. Danach jeweils nach 2 M in jeder 2. R abn (13/14/15/17/18 ×). Die übrigen 10 M abk.

Rechtes Rückenteil
Wie das linke Rückenteil str, jedoch spiegelverkehrt.

Ärmel
26/30/30/34/34 M anschlagen und glatt rechts str. Beidseitig in jeder 6. R 1 M zun (4/4/5/5/6 ×) = 34/38/40/44/46 M. Nach insgesamt 10/12/15/18/19 cm für die Armausschnitte beidseitig 2 M abk = 30/34/36/40/42 M. Dann für die Raglanschrägung jeweils nach der 2. M in jeder 2. R abn. Nach 9/11/12/14/15 Abn links in jeder 2. R 3 M abk (3 ×). Rechts weiter für die Raglanschrägung M abn. Die verbliebenen M abk.
Den zweiten Ärmel genauso arbeiten, jedoch spiegelverkehrt.

Fertigstellen
Den Schnurrbart im Maschenstich vorn aufsticken. Raglannähte schließen. Am Rücken (linkes und rechtes Rückenteil) 56/58/60/62/64 M aufn. 4 R im Bündchenmuster 1/1 str und auf der linken Seite abk. 4/4/5/5/5 Knopflöcher auf dem Bündchen des linken Rückenteils verteilen (Knopfloch: 2 M zusstr, 1 Umschlag). Die Knöpfe ans rechte Rückenteil nähen. Um den Hals herum M aufn, 1 R re str und dann abk. Ärmelunterseiten und Seitennähte schließen.

TIPP
Das naturfarbene Jäckchen ist nach der Anleitung „Jonathan und Julia" gestrickt, siehe Seite 64.

David

Kraus rechts gestricktes Jäckchen mit Bund

GRÖSSEN 3/6/12/18 MONATE
2/4 JAHRE

SIE BRAUCHEN

Strickgarn: Manos del Uruguay Serena semi solid, 60 % Alpaka, 40 % Baumwolle, 1/2/2/3/3/4 × 50 g (155 m)
Knöpfe: 4/4/5/5/6/6, Durchmesser 13 mm
Stricknadeln: Nr. 3 und 3,5

MUSTER

Bündchenmuster 2/2: R1: *2 M re, 2 M li*, R2: Die M so str, wie sie erscheinen.
Kraus rechts: Alle R re str.

MASCHENPROBE

Kraus rechts: 10 cm × 10 cm = 24 M und 50 R

AUSFÜHRUNG

Rückenteil

Mit den 3er-Stricknadeln beginnen und 58/62/66/70/74/78 M anschlagen. 6 R im Bündchenmuster 2/2 str. Kraus rechts und mit den 3,5er-Nadeln weiterarbeiten. Nach insgesamt 13/15/17/19/22/24 cm für die Armausschnitte beidseitig 2 M abk. Dann für die Raglanschrägung jeweils nach der 2. M in jeder 2. R abn, dazu 2 M li zusstr (17/18/19/21/22/23 ×) = 20/22/24/28/26/28 M. Die verbliebenen M abk.

Linkes Vorderteil

Mit den 3er-Stricknadeln beginnen und 26/30/34/38/42/46 M anschlagen. 6 R im Bündchenmuster 2/2 str. Mit den 3,5er-Nadeln kraus rechts weiterarbeiten. Nach insgesamt 13/15/17/19/22/24 cm wie beim Rückenteil für die Armausschnitte links M abn. Nach insgesamt 18/20/23/26/28/30 cm rechts für den Hals abn: 4/5/6/7/8/9 M (1 ×), 3 M (1 ×), 2 M (2 ×), 1 M (2 ×). Unterdessen auch für die Raglanschrägung abn.

Rechtes Vorderteil

Das rechte Vorderteil genauso arbeiten, jedoch spiegelverkehrt.

Ärmel

Mit Stricknadeln Nr. 3 beginnen und 38/38/40/42/42/42 M anschlagen. 6 R im Bündchenmuster 2/2 str. Dann mit den 3,5er-Nadeln kraus rechts weiterarbeiten. Beidseitig folgendermaßen zun:
3/6/12 Monate: In jeder 8. R (4/5/5 ×) = 46/48/50 M.
18 Monate/2/4 Jahre: in jeder 10. R (6/7/8 ×) = 54/56/58 M. Nach insgesamt 12/15/18/20/22/24 cm beidseitig 2 M abk = 42/44/46/50/52/54 M. Dann wie beim Rückenteil abn. Nach 13/14/15/17/18/19 Abn links abk: 3 M (4 ×). Rechts weiter für die Raglanschrägung abn. Den zweiten Ärmel genauso arbeiten, jedoch spiegelverkehrt.

Fertigstellen

Die Raglannähte schließen. Seitennähte und Ärmelunterseiten schließen. Rund um den Hals M aufn und mit 3er-Stricknadeln 6 R im Bündchenmuster 2/2 str. Die M abk. An beiden Vorderteilen M aufn und mit 3er-Stricknadeln 6 R im Bündchenmuster 2/2 str. Dabei auf einer Seite 4/4/5/5/6/6 Knopflöcher einarbeiten. Die M abk und Knöpfe annähen.

David
Amelie
Felix
David

Max, siehe Seite 48

David

Felix, siehe Seite 50

Max

Babyschühchen

GRÖSSE 0 MONATE

SIE BRAUCHEN
Strickgarn: Madelinetosh Merino light, 100 % Merinowolle, 1 × 100 g (384 m)
Band: 2 Meter
Stricknadeln: Nr. 3

MUSTER
Kraus rechts: Alle R re str.

MASCHENPROBE
Kraus rechts: 10 cm × 10 cm = 24 M und 50 R

AUSFÜHRUNG
Fuß
41 M anschlagen und 7 cm kraus rechts str. Mit 1 R li enden. 1 R re str, dann 1 R *1 M re, 1 M li*, anschließend 1 R *2 M zusstr, 1 Umschlag*. Mit 1 R li aufhören.
Beidseitig 15 M stilllegen und auf die mittleren 11 M 20 R str, dann diese M stilllegen. Die ersten stillgelegten 15 M wieder aufn, an der Seitenkante der Pantoffel-Unterkante 11 M aufn, die stillgelegten 11 M aufn, 11 M an der anderen Seitenkante der Pantoffel-Unterseite aufn, die letzten stillgelegten 15 M erneut aufn = 63 M. 12 R kraus rechts str.

Ferse
Nun beidseitig 26 M stilllegen und die mittleren 11 M folgendermaßen weiterstricken: 10 M re, 2 M zusstr (1 M + 1 stillgelegte M). Die Arbeit wenden und wiederum 10 M re, 2 M zusstr. Wiederholen, bis beidseitig noch 6 M stillgelegt sind. Abk.

Fertigstellen
Rückwärtige Naht schließen. Bänder durch die Löcher fädeln und eine Schleife binden.

Felix

Jäckchen mit kraus rechts gestricktem Streifen auf den Ärmeln

GRÖSSEN 3/6/12/18 MONATE

SIE BRAUCHEN

Strickgarn: Manos del Uruguay Serena semi solid, 60 % Alpaka, 40 % Baumwolle, 2/2/2/3 × 50 g (155 m)
Knöpfe: 4/4/5/5, Durchmesser 12 mm
Stricknadeln: Nr. 3 und 3,5

MUSTER

Glatt rechts: *1 R re, 1 R li*
Bündchenmuster 1/1: R1: *1 M re, 1 M li*, R2: Die M so str, wie sie erscheinen.

MASCHENPROBE

Glatt rechts: 10 cm × 10 cm = 26 M und 36 R

AUSFÜHRUNG

Rückenteil

Mit den 3er-Stricknadeln beginnen und 58/62/66/70 M anschlagen. 4 R im Bündchenmuster 2/2 str. Glatt rechts mit den 3,5er-Nadeln weiterarbeiten. Nach insgesamt 13/15/17/19 cm für die Armausschnitte beidseitig 2 M abk = 54/58/62/66 M. Dann für die Raglanschrägung (jeweils nach der 2. M) in jeder 2. R folgendermaßen abn: 2 M re, 1 einfacher Überzug, weiter re str, bis noch 4 M auf der Nadel sind, dann 2 M zusstr, 2 M re. Diese Abn 16/17/18/19 × wiederholen = 22/24/26/28 M. Die verbliebenen M abk.

Linkes Vorderteil

Mit den 3er-Stricknadeln beginnen und 30/34/38/42 M anschlagen. 4 R im Bündchenmuster 2/2 str. Glatt rechts mit den 3,5er-Nadeln weiterarbeiten. Nach insgesamt 13/15/17/19 cm links für die Armausschnitte wie beim Rückenteil abn. Nach 10/11/12/13 Abn rechts für den Hals folgendermaßen abn: 4/5/6/7 M (1 ×), 3 M (1 ×), 2 M (2 ×), 1 M (2 ×). Währenddessen links weiter für die Raglanschrägung M abn.

Rechtes Vorderteil

Das rechte Vorderteil genauso arbeiten, jedoch spiegelverkehrt.

Ärmel

Mit den 3er-Stricknadeln beginnen und 38/42/46/50 M anschlagen. 4 R im Bündchenmuster 2/2 str. Mit den 3,5er-Nadeln glatt und kraus rechts folgendermaßen weiterarbeiten: Die mittleren 12/14/16/18 M kraus rechts str. Beidseitig in jeder 8. R zun (2/3/4/5 ×) = 42/48/54/60 M. Nach insgesamt 12/15/18/20 cm beidseitig 2 M abk = 36/44/50/56 M. Dann wie beim Rückenteil abn. Nach 12/13/14/15 Abn folgendermaßen links abn: 3/4/5/6 M (3 ×). Rechts weiter für die Raglanschrägung abn. Die verbliebenen M abk. Den zweiten Ärmel genauso arbeiten, jedoch spiegelverkehrt.

Fertigstellen

Die Raglannähte schließen. Die Seitennähte und Ärmelunterseiten ebenfalls schließen. Rund um den Hals mit 3er-Nadeln M aufn, 4 R im Bündchenmuster 2/2 str und abk. Auf der Vorderseite die Bündchen genauso str. 4/4/5/5 Knopflöcher (2 M zusstr, 1 Umschlag) in das Bündchen auf der linken Seitenkante einarbeiten. Rechts die Knöpfe annähen.

Samuel

Pullover mit kraus rechts gestricktem Streifen auf den Ärmeln

GRÖSSEN 2/4/6/8 JAHRE

SIE BRAUCHEN

Strickgarn: Manos del Uruguay Serena semi solid, 60 % Alpaka, 40 % Baumwolle, 3/4/4/5 × 50 g (155 m)
Knöpfe: 3, Durchmesser 12 mm
Stricknadeln: Nr. 3 und 3,5

MUSTER

Glatt rechts: *1 R re, 1 R li*
Bündchenmuster 1/1: R1: *1 M re, 1 M li*, R2: Die M so str, wie sie erscheinen.
Kraus rechts: Alle R re str.

MASCHENPROBE

Glatt rechts: 10 cm × 10 cm = 26 M und 36 R

AUSFÜHRUNG

Rückenteil

Mit den 3er-Stricknadeln beginnen und 72/78/86/94 M anschlagen. 4 R im Bündchenmuster 2/2 str. Dann glatt rechts mit den 3,5er-Nadeln weiterarbeiten. Nach insgesamt 20/22/24/26 cm für die Armausschnitte beidseitig 2/2/3/3 M abk. Dann für die Raglanschrägung jeweils nach 2 M in jeder 2. R abn: 2 M re, 1 einfacher Überzug, weiterstr, bis noch 4 M auf der Nadel sind, 2 M zusstr, 2 M re. Diese Abn 20/22/24/26 × wiederholen = 28/30/32/36 M. Die verbliebenen M abk.

Vorderteil

So str wie das Rückenteil. Nach insgesamt 20/22/24/26 cm für die Armausschnitte beidseitig 2/2/3/3 M abk. Dann für die Raglanschrägung wie beim Rückenteil M abn. Nach 27/30/33/36 cm für den Hals die mittleren 10/12/14/16 M abk. Beide Teile getrennt weiterstricken. An der Halskante abk: 3 M (1 ×), 2 M (2 ×), 1 M (2 ×). Für die Raglanschrägung weiter M abn.

Ärmel

Für den linken Ärmel mit Nadeln Nr. 3 beginnen und 44/50/54/58 M anschlagen. 4 R im Bündchenmuster 2/2 str. Dann glatt rechts mit den 3,5er-Nadeln weiterarbeiten, jedoch die mittleren 16/18/20/20 M kraus rechts str. Beidseitig folgendermaßen zun:
2/4 Jahre: In jeder 8. R (6/7 ×) = 56/64 M.
6/8 Jahre: In jeder 6. R (8/9 ×) = 70/76 M.
Nach insgesamt 18/20/22/24 cm beidseitig 2/2/3/3 M abk. Dann für die Raglanschrägung M abn wie beim Rückenteil. Wenn noch 18 M übrig bleiben, links abk: 5 M (3 ×). Rechts weiter für die Raglanschrägung abn. Den rechten Ärmel genauso arbeiten wie den linken, jedoch spiegelverkehrt.

Fertigstellen

Raglannähte schließen, aber die Naht vorne links 4 cm offen lassen. Seitennähte und Ärmelunterseiten schließen. An einer der Raglankanten vorne links M aufn. 1 R re str und auf der linken Seite mit re M abk. Dieselbe Anzahl M auf der anderen Raglankante vorne links aufn und wiederum 1 R str, jetzt jedoch 3 Knopflöcher in die 1. R einarbeiten (2 M zusstr, 1 Umschlag). Knöpfe annähen. Rund um den Hals M aufn, 4 R im Bündchenmuster 2/2 str und abk.

Emil

Weste mit V-Ausschnitt

GRÖSSEN 3/6/12/18 Monate
2/4 Jahre

SIE BRAUCHEN

Strickgarn: Schachenmayr Merino extrafine 120, 100 % Schurwolle, 1/2/2/3/3/4 × 50 g (120 m)
Knöpfe: 3/3/4/4/4/4, Durchmesser 15 mm
Stricknadeln: Nr. 4 und 4,5

MUSTER

Kraus rechts: Alle R re str.
Rippenmuster: R1: *5 M re, 1 M li*, R2: Alle M li str.

MASCHENPROBE

Glatt rechts: 10 cm × 10 cm = 21 M und 32 R

AUSFÜHRUNG

Rückenteil

Mit den 4er-Stricknadeln beginnen und 47/53/59/65/71/77 M anschlagen. 4 R kraus rechts str. Mit Nadeln Nr. 4,5 im Rippenmuster weiterarbeiten und die rechte R immer mit 5 M re beenden. Nach insgesamt 12/14/16/18/20/22 cm beidseitig 2 M für die Armausschnitte abk = 43/49/55/61/67/73 M. Dann beidseitig für die Raglanschrägung in jeder 2. R folgendermaßen abn: 2 M re, 1 einfacher Überzug, re M str, bis noch 4 M auf der Nadel sind, 2 M zustr, 2 M re. Diese Abn 3/3/4/4/5/5 × wiederholen = 37/43/47/53/57/63 M. Weiterstricken und nach insgesamt 24/26/28/30/32/34 cm die verbliebenen M abk.

Linkes Vorderteil

Mit den 4er-Stricknadeln beginnen und 27/27/33/33/39/39 M anschlagen. 4 R kraus rechts str. Mit den 4,5er-Nadeln im Rippenmuster weiterstricken. Die ersten 4 M immer kraus str für die Knopflochleiste. Die rechte R immer mit 5 M re beenden. Nach insgesamt 12/14/16/18/20/22 cm links wie beim Rückenteil für den Armausschnitt abn. Zugleich rechts für den V-Ausschnitt jeweils nach der 4. M in jeder 4. R abn (7/7/8/8/9/9 ×). Nach insgesamt 24/26/28/30/32/34 cm die 4 kraus gestrickten M stilllegen und die verbliebenen M abk.

Rechtes Vorderteil

Das rechte Vorderteil genauso arbeiten, jedoch spiegelverkehrt. In das krause Bündchen folgendermaßen Knopflöcher einarbeiten: 1 M re, 2 M zustr, 1 Umschlag, 1 M re. Das erste Knopfloch in der 5. R, das letzte Knopfloch nach insgesamt 12/14/16/18/20/22 cm. Die anderen Knopflöcher gleichmäßig verteilen.

Ärmel

31/31/37/37/37/43 M mit 4er-Nadeln anschlagen und 4 R kraus rechts str. Mit Nadeln Nr. 4,5 folgendermaßen im Rippenmuster weiterarbeiten: 3 M re, 1 M li, *5 M re, 1 M li*, mit 3 M re aufhören. 1 R li str. Dieses Rippenmuster wiederholen. Beidseitig in jeder 8. R zun (3/4/5/6/7/7 ×). Nach insgesamt 13/14/16/18/20/22 cm für die Raglanschrägung abn wie beim Rückenteil. Die verbliebenen M abk. Den zweiten Ärmel genauso arbeiten.

Fertigstellen

Schulter-, Raglan- und Seitennähte sowie Ärmelunterseiten schließen. Knöpfe annähen. Die 4 stillgelegten M (Knopflochleiste) aufn und 4/4/5/5/6/6 cm kraus rechts str. Die M abk. Auf der anderen Seite wiederholen. Die Enden verbinden. Den Kragen an den Halsausschnitt nähen.

Fabian

Strickjacke mit Schalkragen

GRÖSSEN 3/6/12/18 MONATE

SIE BRAUCHEN
Strickgarn: Manos del Uruguay Serena semi solid, 60 % Alpaka, 40 % Baumwolle, 2/2/3/3 × 50 g (155 m) von der Hauptfarbe (Anthrazit), 1 × 50 g (155 m) von Farbe 2 (Blau)
Knöpfe: 3, Durchmesser 15 mm
Stricknadeln: Nr. 4 und 4,5

MUSTER
Glatt rechts: *1 R re, 1 R li*
Bündchenmuster 2/2: R1: *2 M re, 2 M li*, R2: Die M so str, wie sie erscheinen.

MASCHENPROBE
Glatt rechts, mit doppeltem Faden gestrickt: 10 cm × 10 cm = 21 M und 32 R

AUSFÜHRUNG
Rückenteil
Mit den 4er-Stricknadeln beginnen und 46/50/54/62 M anschlagen. 4 R im Bündchenmuster 2/2 in Farbe 2 str. Mit 4,5er-Nadeln glatt rechts in der Hauptfarbe weiterarbeiten. Nach insgesamt 14/15/16/18 cm beidseitig 2 M für die Armausschnitte abn = 42/46/50/58 M. Dann beidseitig für die Raglanschrägung in jeder 2. R abn (4/4/5/5 ×) = 34/38/40/48 M. Weiterstricken und nach insgesamt 24/26/28/30 cm die übrigen M abk.

Linkes Vorderteil
Mit den 4er-Stricknadeln beginnen und 22/26/30/30 M anschlagen. 4 R Bündchenmuster 2/2 in Farbe 2 str. Mit 4,5er-Nadeln glatt rechts in der Hauptfarbe weiterarbeiten. Nach insgesamt 14/15/16/18 cm links wie beim Rückenteil für den Armausschnitt M abn = 16/20/23/23 M. Zugleich rechts für den V-Ausschnitt in jeder 4. R abn (7 ×) = 9/13/16/16 M. Nach insgesamt 24/26/28/30 cm die übrigen abk.

Rechtes Vorderteil
Das rechte Vorderteil so str wie das linke, jedoch spiegelverkehrt.

Ärmel
Mit den 4er-Stricknadeln beginnen und 30/30/34/34 M anschlagen. Im Bündchenmuster 2/2 4 R in Farbe 2 str. Mit 4,5er-Nadeln glatt rechts in der Hauptfarbe weiterarbeiten. Beidseitig in jeder 8. R zun (3/4/5/6 ×) = 36/38/44/46 M. Nach insgesamt 13/14/16/18 cm für die Raglanschrägung wie beim Rückenteil M abn = 24/26/30/32 M. Die verbliebenen M abk. Den zweiten Ärmel genauso str.

Fertigstellen
Schulternähte schließen. Ärmel einsetzen. Seitennähte und Ärmelunterseiten schließen. 106/110/114/118 M um den Hals aufn und im Bündchenmuster 2/2 mit verkürzten Runden folgendermaßen str:

R1 und R2: 2 R Bündchenmuster 2/2 über alle M.

R3: Bis zu den letzten 22 M str und diese stilllegen, die Arbeit wenden und die 1. M 2 × str.

R4: Bis zu den letzten 9 M str (insgesamt 9 + 22 M) und diese stilllegen, die Arbeit wenden und die 1. M 2 × str.

R4 wiederholen, bis keine M zum Stilllegen mehr übrig sind. Dann alle M aufn und 4 R im Bündchenmuster 2/2 str. In der 1. R immer die erste und die letzte M (zusätzlich gebildete M) von den stillgelegten M zusstr. Auf der linken Seite in der 3. R 3 Knopflöcher einarbeiten (2 M zusstr, 1 Umschlag). Zum Schluss die Knöpfe annähen.

Lars

Kraus rechts gestrickter Pullover

GRÖSSEN 0/3/6/12/18 MONATE

SIE BRAUCHEN

Strickgarn: Manos des Uruguay Silk Blend semi solid oder space dyed, 70 % Merinowolle, 30 % Seide, 1/2/2/3/3 × 50 g (135 m)
Knöpfe: 2, Durchmesser 12 mm
Stricknadeln: Nr. 4 und 4,5

MUSTER

Kraus rechts: Alle R re str.
Bündchenmuster 2/2: R1: *2 M re, 2 M li*, R2: Die M so str, wie sie erscheinen.

MASCHENPROBE

Kraus rechts: 10 cm × 10 cm = 21 M und 32 R

TIPP

Auf Seite 110 wird eine große Version mit verschiedenfarbigen Bündchen vorgestellt.

AUSFÜHRUNG

Rückenteil

Mit den 4er-Nadeln beginnen, 42/46/50/58/66 M anschlagen und 4 R im Bündchenmuster 2/2 str. Mit den 4,5er-Nadeln kraus rechts weiterstricken. Nach insgesamt 13/15/17/19/22 cm beidseitig 1 M für die Armausschnitte abn = 40/44/48/56/64 M. Danach beidseitig jeweils nach der 2. M in jeder 2. R 13/14/16/18/19 × für die Raglanschrägung abn: 2 M re, 2 M li zusstr, re M str, bis noch 4 M auf der Nadel sind, 2 M li hinten zusstr, 2 M re. Gleichzeitig nach insgesamt 18/21/25/27/29 cm die mittleren 4 M für die Knopflochleiste abk und beide Teile einzeln weiterstricken. Die verbliebenen M abk.

Vorderteil

Wie das Rückenteil str. Nach insgesamt 13/15/17/19/22 cm für die Raglanschrägung wie beim Rückenteil M abn. Nach 9/10/12/14/15 Abn für den Hals die mittleren 6/8/8/10/12 M abk und beide Teile getrennt weiterstricken. Auf der Halsseite anschließend in jeder 2. R abk: 3 M (1 ×), 2 M (1 ×), 1 M (1 ×). Auf der anderen Seite gleichzeitig weiter für die Raglanschrägung abn. Die verbliebenen M abk.

Ärmel

Für den linken Ärmel mit den 4er-Stricknadeln 26/30/34/34/38 M anschlagen und 4 R im Bündchenmuster 2/2 str. Dann kraus rechts mit den Nadeln Nr. 4,5 weiterarbeiten. Beidseitig zun:

0/3 Monate: 1 M in jeder 6. R (5 ×) = 36/40 M.
6/12 Monate: 1 M in jeder 8. R (5/7 ×) = 44/48 M.
18 Monate: 1 M in jeder 10. R (7 ×) = 52 M.

Nach insgesamt 12/14/16/18/20 cm die Raglanschrägung so bilden wie beim Rückenteil. Nach 10/11/13/15/16 Abn links in jeder 2. R 3 M abk (2 ×). Rechts noch 3 × für die Raglanschrägung abn. Die verbliebenen M abk. Den rechten Ärmel genauso arbeiten wie den linken, jedoch spiegelverkehrt.

Fertigstellen

Die Raglannähte schließen. Um den Hals herum 58/62/62/66/66 M aufn und 4 R im Bündchenmuster 2/2 str. Am rechten Vorderteil M für die Knopflochleiste aufn, 4 R im Bündchenmuster 2/2 str und dann locker abk. Auf der linken Seite wiederholen, jetzt jedoch auch Knopflöcher einarbeiten. Ärmelunterseiten und Seitennähte schließen. Zum Schluss die Knöpfe annähen.

LILLY

Pullover im Fantasiemuster

GRÖSSEN 0/3/6/12/18 MONATE

SIE BRAUCHEN

Strickgarn: Schachenmayr Merino extrafine 120, 100 % Schurwolle, 2/3/3/4/4 × 50 g (120 m)
Knöpfe: 3, Durchmesser 10 mm
Stricknadeln: Nr. 4 und 4,5

MUSTER

Glatt rechts: *1 R re, 1 R li*
Bündchenmuster 1/1: R1: *1 M re, 1 M li*, R2: Die M so str, wie sie erscheinen.
Fantasiemuster, 1/1 unterbrochen: R1: Alle M re str, R2 und 4: Alle M li str, R3: *1 M re, 1 M li*
Gerstenkornmuster unterbrochen (Variante grauer Pullover): R1: *1 M re, 1 M li*, R2: Die M so str, wie sie erscheinen, R3: Alle M re str, R4: Alle M li str, R5: *1 M li, 1 M re*, R6: Die M so str, wie sie erscheinen.

MASCHENPROBE

Glatt rechts: 10 cm × 10 cm = 21 M und 32 R

AUSFÜHRUNG

Rückenteil

Mit den 4er-Stricknadeln beginnen und 45/49/53/59/63 M anschlagen. 4 R im Bündchenmuster 1/1 str. Mit den 4,5er-Nadeln im Fantasiemuster weiterarbeiten. Nach insgesamt 12/14/16/18/19 cm für die Armausschnitte beidseitig 2 M abk. Dann für die Raglanschrägung jeweils nach der 1. M in jeder 2. R: 2 M re, 1 einfacher Überzug, re str, bis noch 4 M auf der Nadel sind, 2 M zusstr, 2 M re. Die Abn 13/14/15/17/18 × wiederholen. Die übrigen 15/17/19/21/23 M abk.

Vorderteil

Wie das Rückenteil str. Nach 8/9/10/12/13 Abn die mittleren 5/7/9/11/13 M abk und anschließend beide Seiten getrennt weiterstricken. Weiter M für die Raglanschrägung abn und für den Hals in jeder 2. R abk: 2 M (1 ×), 1 M (2 ×). Die verbliebenen M abk.

Ärmel

Mit den 4er-Stricknadeln beginnen und 29/31/33/35/37 M anschlagen. 4 R im Bündchenmuster 1/1 str. Glatt rechts mit 4,5er-Nadeln weiterstricken. Beidseitig 1 M in jeder 6. R zun (3/4/5/6/7 ×) = 35/39/43/47/51 M. Nach insgesamt 12/14/16/18/20 cm für die Armausschnitte wie beim Rückenteil abn. Nach 10/11/12/14/15 Abn links 3 M abk (2 ×). Unterdessen weiter für die Raglanschrägung auf der rechten Seite M abn. Die verbliebenen M abk. Den zweiten Ärmel genauso arbeiten, jedoch spiegelverkehrt.

Fertigstellen

Die Raglannähte auf drei Seiten schließen. Die vierte Naht bis 6 cm vor Ausschnittrand schließen. Seitennähte und Ärmelunterseiten schließen. Um den Hals herum M aufn, 4 R im Bündchenmuster 1/1 str und abk. Die Knöpfe annähen. Ein paar M etwas größer machen, damit sie als Knopflöcher dienen können.

TIPP

Der graue Pullover ist nach der Anleitung „Lilly" gearbeitet. Vorderteil, Rückenteil und Ärmel sind im unterbrochenen Gerstenkornmuster gestrickt.

Moritz

Häkeldecke

GRÖSSE 130 × 130 CM

SIE BRAUCHEN
Häkelgarn: Schachenmayr Merino extrafine 120, 100 % Schurwolle, 14 × 50 g (120 m) in verschiedenen Farben, 7 × 50 g (120 m) in Natur
Häkelnadel: Nr. 4

MUSTER
Luftmaschen (Lm), Kettmaschen (Km), Stäbchen (Stb), feste Maschen (fM)

AUSFÜHRUNG
Die Decke besteht aus 16 Granny Squares.

Granny Squares
6 Lm häkeln und mit 1 Km zu einem Ring schließen.
Rd1: 3 Lm (1 Stb), 2 Stb in den Ring, 3 Lm, *3 Stb in den Ring, 3 Lm* von * bis * noch 2 × wiederholen; mit 1 Km in die 3. der 3 Lm verbinden.
Rd2: 3 Lm, (2 Stb, 3 Lm, 3 Stb) in denselben Bogen (Ecke gehäkelt), *1 Lm, (3 Stb, 3 Lm, 3 Stb) in den nächsten Eckenbogen*; von * bis * noch 2 × wiederholen, 1 Lm und mit 1 Km in die 3. der 3 Lm verbinden.
Rd3: 3 Lm, (2 Stb, 3 Lm, 3 Stb) in denselben Bogen (Ecke gehäkelt), *1 Lm, 3 Stb in den nächsten Bogen, 1 Lm, (3 Stb, 3 Lm, 3 Stb); von * bis * noch 2 × wiederholen, 1 Lm und mit 1 Km in die 3. der 3 Lm verbinden.
Rd4: 3 Lm, (2 Stb, 3 Lm, 3 Stb) in denselben Bogen (Ecke gehäkelt), *(1 Lm, 3 Stb in den nächsten Bogen) 2 ×, 1 Lm, (3 Stb, 3 Lm, 3 Stb)*; von * bis * noch 2 × wiederholen, 1 Lm und mit 1 Km in die 3. der 3 Lm verbinden.
Rd5 bis Rd 12 sind entsprechend aufgebaut.
Rd5: 3 Lm, (2 Stb, 3 Lm, 3 Stb) in denselben Bogen (Ecke gehäkelt), *(1 Lm, 3 Stb in den nächsten Bogen) 3 ×, 1 Lm, (3 Stb, 3 Lm, 3 Stb)*; von * bis * noch 2 × wiederholen, 1 Lm und mit 1 Km in die 3. der 3 Lm verbinden.
Rd6: 3 Lm, (2 Stb, 3 Lm, 3 Stb) in denselben Bogen (Ecke gehäkelt), *(1 Lm, 3 Stb in den nächsten Bogen) 4 ×, 1 Lm, (3 Stb, 3 Lm, 3 Stb)*; von * bis * noch 2 × wiederholen, 1 Lm und mit 1 Km in die 3. der 3 Lm verbinden.
Rd7: 3 Lm, (2 Stb, 3 Lm, 3 Stb) in denselben Bogen (Ecke gehäkelt), *(1 Lm, 3 Stb in den nächsten Bogen) 5 ×, 1 Lm, (3 Stb, 3 Lm, 3 Stb)*; von * bis * noch 2 × wiederholen, 1 Lm und mit 1 Km in die 3. der 3 Lm verbinden.
Rd8: 3 Lm, (2 Stb, 3 Lm, 3 Stb) in denselben Bogen (Ecke gehäkelt), *(1 Lm, 3 Stb in den nächsten Bogen) 6 ×, 1 Lm, (3 Stb, 3 Lm, 3 Stb)*; von * bis * noch 2 × wiederholen, 1 Lm und mit 1 Km in die 3. der 3 Lm verbinden.
Rd9: 3 Lm, (2 Stb, 3 Lm, 3 Stb) in denselben Bogen (Ecke gehäkelt), *(1 Lm, 3 Stb in den nächsten Bogen) 8 ×, 1 Lm, (3 Stb, 3 Lm, 3 Stb)*; von * bis * noch 2 × wiederholen, 1 Lm und mit 1 Km in die 3. der 3 Lm verbinden usw.

Alle 2 Runden die Farbe wechseln und insgesamt 6 Farben pro Quadrat verwenden.

Fertigstellen
Zum Zusammenhäkeln aller Quadrate die naturfarbene Wolle hinzunehmen.
Alle Quadrate dem Muster entsprechend hinlegen.
Für das erste Quadrat eine 13. Rd ganz in Natur häkeln.
Das zweite Quadrat mit fM am ersten befestigen. Die naturfarbene Runde also wie beim ersten Quadrat häkeln, aber eine Seite gleichzeitig mit fM an das erste Quadrat häkeln. So weiterarbeiten, bis alle Quadrate aneinandergehäkelt sind.

Rd13: 3 Lm, (2 Stb, 3 Lm, 3 Stb) in denselben Bogen (Ecke gehäkelt), *(1 Lm, 3 Stb in den nächsten Bogen) 12 ×, 1 Lm, (3 Stb, 3 Lm, 3 Stb)*; von * bis * noch 2 × wiederholen, 1 Lm und mit 1 Km in die 3. der 3 Lm verbinden.

Jonathan und Julia

Kraus rechts gestricktes Jäckchen
mit Bündchen

GRÖSSEN 0/3/6/12/18 MONATE

SIE BRAUCHEN
Strickgarn für die Version S. 44:
Manos des Uruguay Silk Blend semi solid oder space dyed, 70 % Merinowolle, 30 % Seide, 2/2/2/3/3 × 50 g (135 m)
Strickgarn für die blaue Version:
Blue Sky Alpacas Melange, 100 % Baby Alpaka, 2/3/3/4/4 × 50 g (100 m)
Stricknadeln: Nr. 4 und 4,5
Markierringe: 4

MUSTER
Kraus rechts: Alle R re str.
Bündchenmuster 2/2: R1: *2 M re, 2 M li*, R2: Die M so str, wie sie erscheinen.

MASCHENPROBE
Kraus rechts: 10 cm × 10 cm = 20 M und 32 R

AUSFÜHRUNG
Rückenteil
Mit den 4er-Stricknadeln beginnen und 42/46/50/58/66 M anschlagen. 4 R im Bündchenmuster 2/2 str. Mit 4,5er-Nadeln kraus rechts weiterarbeiten. Die M nach insgesamt 13/15/17/19/22 cm stilllegen.

Linkes Vorderteil
Mit den 4er-Stricknadeln beginnen und 22/26/26/30/34 M anschlagen. 4 R im Bündchenmuster 2/2 str. Mit 4,5er-Nadeln kraus rechts weiterarbeiten. Die M nach insgesamt 13/15/17/19/22 cm stilllegen.

Rechtes Vorderteil
So str wie das linke Vorderteil.

Ärmel
Mit den 4er-Stricknadeln beginnen und 26/30/34/34/38 M anschlagen. 4 R im Bündchenmuster 2/2 str. Mit 4,5er-Nadeln kraus rechts weiterarbeiten. Beidseitig zun:
0/3 Monate: 1 M in jeder 8. R (4/5 ×) = 34/40 M.
6/12/18 Monate: 1 M in jeder 10. R (6/7/7 ×) = 46/48/52 M.
Dann die M stilllegen. Beide Ärmel identisch str.

Runde Passe
Nun für die runde Passe alle M in dieser Reihenfolge erneut aufn: M linkes Vorderteil, M linker Ärmel, M Rückenteil, M rechter Ärmel, M rechtes Vorderteil = 154/178/194/214/238 M. Mit 4,5er-Nadeln kraus rechts weiterarbeiten.
In der 1. R immer die letzte und die erste M von jeweils Vorderteil und Ärmel, Ärmel und Rückenteil, Rückenteil und Ärmel, Ärmel und Vorderteil zusstr. Das geht folgendermaßen: 20/24/24/28/32 M re, Markierring anbringen, 1 M re, 2 M re zusstr, 31/37/43/45/49 M re, Markierring anbringen, 1 M re, 2 M re zusstr, 39/43/47/55/63 M re, Markierring anbringen, 1 M re, 2 M re zusstr, 31/37/43/45/49 M re, Markierring anbringen, 1 M re, 2 M re zusstr, 21/25/25/29/33 M re = 150/174/190/210/234 M.
Die nächste R re str und die Markierringe umsetzen (von der linken auf die rechte Nadel).
Anschließend für die Raglanschrägung folgendermaßen abn: re str bis 2 M vor dem Markierring, 2 M li zusstr, Markierring umsetzen, 3 M re, 2 M li zusstr, re str bis 2 M vor dem nächsten Markierring und wiederholen = 8 Abn insgesamt. Die Rückreihe re str und Markierringe umsetzen. Diese Abn 12/14/16/18/19 × wiederholen.
Gleichzeitig bei 18/20/22/24/27 cm (zum Formen des Halsausschnitts) beidseitig in jeder 2. R abk: 3 M (1 ×), 2 M (1 ×), 1 M (1/1/1/2/2 ×). Die verbliebenen 42/50/50/62/68 M stilllegen.

Fertigstellen
Mit den Stricknadeln Nr. 4 im Halsausschnitt links 5/6/6/6/7 M aufn, die stillgelegten M aufn und 5/6/6/6/7 M im Halsausschnitt rechts aufn. 4 R im Bündchenmuster 2/2 str.
Mit den Nadeln Nr. 4 am linken Vorderteil M aufn und 4 R im Bündchenmuster 2/2 str. Am rechten Vorderteil wiederholen und nun auch 4/4/5/5/6 Knopflöcher einarbeiten (2 M zusstr, 1 Umschlag); das erste Knopfloch 4 M von der Unterkante und das letzte 4 M von der Oberkante entfernt. Die anderen Knopflöcher dazwischen verteilen. Ärmelunterseite und Seitennähte schließen. Die Knöpfe annähen.

Tim

Jacke mit Reißverschluss hinten

GRÖSSEN 6/12/18 MONATE
2/4 JAHRE

SIE BRAUCHEN

Strickgarn für die hellgraue Version: Blue Sky Alpacas Techno, 68 % Baby Alpaka, 22 % Seide, 10 % extra feine Merinowolle, 2/3/3/3/4 × 50 g (109 m)

Strickgarn für die beigefarbene Version mit farbigem Bündchen (Foto S. 123): Artesano Aran, 50 % Schurwolle, 50 % Alpaka, 2/3/3/4/4 × 100 g (132 m) in der Hauptfarbe (Natur) und 1 × 100 g (132 m) in Farbe 2 (Neongelb)

Reißverschluss: 1, mit 50/55/55/60/60 cm Länge, der beidseitig zu öffnen ist

Stricknadeln: Nr. 6,5

MUSTER

Glatt rechts: *1 R re, 1 R li*
Bündchenmuster 2/2: R1: *2 M re, 2 M li*, R2: Die M so str, wie sie erscheinen.

MASCHENPROBE

Glatt rechts: 10 cm × 10 cm = 16 M und 17 R

AUSFÜHRUNG

Vorderteil

44/48/52/56/60 M anschlagen und 4 R im Bündchenmuster 2/2 str. Glatt rechts weiterstricken. Nach insgesamt 15/17/19/22/24 cm für die Armausschnitte beidseitig 2 M abk. Dann für die Raglanschrägung beidseitig jeweils nach der 1. M in jeder 2. R folgendermaßen abn: 1 M re, 1 einfacher Überzug, re str, bis noch 3 M auf der Nadel sind, 2 M zusstr, 1 M re. Nach insgesamt 22/25/29/32/34 cm für den Hals die mittleren 8/8/10/10/10 M abk. Beide Kanten getrennt weiterstricken. Dann am Hals folgendermaßen abk: 3 M (1 ×), 2 M (1 ×), 1 M (1 ×). Unterdessen für die Raglanschrägung weiter abn. Anschließend die übrigen M abk.

Rechtes Rückenteil

24/26/28/30/32 M anschlagen und 4 R im Bündchenmuster 2/2 str. Folgendermaßen weiterstricken: **R1:** (1 M re, 1 M li) (2 ×), die übrigen M re, **R2:** Die M so str, wie sie erscheinen. Nach insgesamt 15/17/19/22/24 cm für die Armausschnitte rechts 2 M abk. Anschließend rechts für die Raglanschrägung jeweils nach der 1. M in jeder 2. R abn (10/11/12/13/14 ×). Die übrigen 12/13/14/15/16 M abk.

Linkes Rückenteil

Das linke Rückenteil genauso arbeiten, jedoch spiegelverkehrt.

Linker Ärmel

28/30/32/34/36 M anschlagen und 4 R im Bündchenmuster 2/2 str. Glatt rechts weiterstricken. In jeder 4./6./8./10./10. R beidseitig jeweils nach der 1. M zun (2 ×) = 32/34/36/38/40 M. Nach 13/15/16/18/20 cm für die Armausschnitte beidseitig 2 M abk. Dann für die Raglanschrägung jeweils nach der 1. M in jeder 2. R abn (10/11/12/13/14 ×). Nach 7/8/9/10/11 Abn links in jeder 2. R 3 M abk (3 ×). Rechts weiter für die Raglanschrägung M abn. Die verbliebenen M abk.

Rechter Ärmel

Den rechten Ärmel so str wie den linken, jedoch spiegelverkehrt.

Kapuze

62/66/70/72/74 M anschlagen und 4 R im Bündchenmuster 2/2 str. Glatt rechts weiterstricken. Nach insgesamt 17/18/19/20/21 cm die M abk.

Fertigstellen

Raglannähte, Seitennähte und Ärmelunterseiten schließen. Kapuze in den Halsausschnitt einsetzen. Reißverschluss im Rücken einsetzen. Oberkante der Kapuze zunähen.

TIPP

Sie können die Bündchen im Bündchenmuster 2/2 auch immer in einer anderen Farbe str, siehe Seite 123.

Noah und Nele

Mützen und Schal mit Neonakzenten

GRÖSSEN 6–12 MONATE/ 2–4 JAHRE/6–8 JAHRE

SIE BRAUCHEN

Strickgarn: Blue Sky Alpacas Techno, 68 % Baby Alpaka, 22 % Seide, 10 % extra feine Merinowolle, 1/1/2 × 50 g (109 m) von Farbe 1 (Hellgrau), 1/1/1 × 50 g (109 m) von Farbe 2 (Natur) für ein Set aus Schal und Mütze, einen kleinen Rest von Farbe 3 (Neongelb) für die Bommeln
Stricknadeln: Nr. 6,5

MUSTER

Glatt rechts: *1 R re, 1 R li*
Perlmuster: R1: *1 M re, 1 M li*, R2: *1 M li, 1 M re*
Kraus rechts: Alle R re str.

MASCHENPROBE

Glatt rechts: 10 cm × 10 cm = 14 M und 16 R

AUSFÜHRUNG

Schal in Hellgrau und Natur

15/20/25 M in Natur anschlagen und 30/40/60 cm im Perlmuster str, anschließend nochmals 30/40/60 cm in Hellgrau und Perlmuster. 4 kleine Bommeln (Durchmesser 3–4 cm) in Neongelb anfertigen und an die vier Ecken des Schals nähen.

Mütze in Hellgrau

Mit einer Ohrenklappe beginnen. In Hellgrau 5/7/9 M anschlagen und 2 R re str. Kraus rechts weiterarbeiten und beidseitig jeweils nach der 1. M in jeder 2. R 1 Zun in der R., bis 13/15/17 M erreicht sind. Bis zu einer Höhe von 6/7/8 cm weiterstricken und die M stilllegen. Die zweite Ohrenklappe genauso arbeiten.
Für den oberen Teil der Mütze 6 M anschlagen, die 13/15/17 stillgelegten M der ersten Ohrenklappe aufn, 12/14/16 M anschlagen, die stillgelegten M der zweiten Ohrenklappe aufn, 6 M anschlagen = 50/56/62 M. 4/5/6 cm kraus rechts str. Im Perlmuster weiterarbeiten, bis 10/12/14 cm erreicht sind. Dann glatt rechts weiterstricken und gleichzeitig für den oberen Teil der Mütze folgendermaßen M abn:

6–12 Monate: 1. Abn: 1 M re, *2 M zusstr, 6 M re*, von * bis * wiederholen und mit 1 M re aufhören. Die linke R str, danach 2. Abn: 1 M re, *2 M zusstr, 5 M re*, von * bis * wiederholen und mit 1 M re aufhören. Die linke R str, danach 3. Abn: 1 M re, *2 M zusstr, 4 M re*, von * bis * wiederholen und mit 1 M re aufhören. Die linke R str. Diese Abn übereinander wiederholen, bis 14 M übrig bleiben. Dann jeweils 2 M zusstr. Den Faden durch die verbliebenen M ziehen.

2–4 Jahre: 1. Abn: 1 M re, *2 M zusstr, 7 M re*, von * bis * wiederholen und mit 1 M re aufhören. Die linke R str, danach 2. Abn: 1 M re, *2 M zusstr, 6 M re*, von * bis * wiederholen und mit 1 M re aufhören. Die linke R str, danach 3. Abn: 1 M re, *2 M zusstr, 5 M re*, von * bis * wiederholen und mit 1 M re aufhören. Die linke R str. Diese Abn übereinander wiederholen, bis 20 M übrig bleiben. Dann jeweils 2 M zusstr. Den Faden durch die verbliebenen M ziehen.

6–8 Jahre: 1. Abn: 1 M re, *2 M zusstr, 8 M re*, von * bis * wiederholen und mit 1 M re aufhören. Die linke R str, danach 2. Abn: 1 M re, *2 M zusstr, 7 M re*, von * bis * wiederholen und mit 1 M re aufhören. Die linke R str, danach 3. Abn: 1 M re, *2 M zusstr, 6 M re*, von * bis * wiederholen und mit 1 M re aufhören. Die linke R str. Diese Abn übereinander wiederholen, bis 20 M übrig bleiben. Dann jeweils 2 M zusstr. Den Faden durch die verbliebenen M ziehen.

Die Naht schließen. Eine große Bommel (ungefähr 5–6 cm Durchmesser) in Neongelb anfertigen und auf die Mütze nähen.

Naturfarbener Schal

15/20/25 M in Natur anschlagen und 3 cm im Bündchenmuster 2/2 str. Kraus rechts weiterarbeiten. Nach insgesamt 70/80/90 cm noch 3 cm im Bündchenmuster 2/2 str und dann die M abk.

Naturfarbene Mütze

Mit einer Ohrenklappe beginnen. In Natur 6/7/8 M anschlagen und 2 R re str. Kraus rechts weiterarbeiten und beidseitig jeweils nach der 1. M in jeder 2. R 1 Zun in der R., bis 13/15/17 M erreicht sind. Bis zu einer Höhe von 6/7/8 cm weiterstricken und die M stilllegen. Die zweite Ohrenklappe genauso arbeiten. Für den oberen Teil der Mütze 6 M anschlagen, die 13/15/17 stillgelegten M der ersten Ohrenklappe aufn, 12/14/16 M anschlagen, die stillgelegten M der zweiten Ohrenklappe aufn, 6 M anschlagen = 50/56/72 M. Nun 10/12/14 cm kraus rechts str.

Anschließend folgendermaßen am oberen Teil der Mütze mit dem Abn beginnen:

6–12 Monate: 1. Abn: 1 M re, *2 M zusstr, 6 M re*, von * bis * wiederholen und mit 1 M re aufhören. Die linke R str, danach die 2. Abn: 1 M re, *2 M zusstr, 5 M re*, von * bis * wiederholen und mit 1 M re aufhören. Die linke R str, danach die 3. Abn: 1 M re, *2 M zusstr, 4 M re*, von * bis * wiederholen und mit 1 M re aufhören. Die linke R str. Diese Abn übereinander wiederholen, bis 14 M übrig bleiben. Dann jeweils 2 M zusstr. Den Faden durch die verbliebenen M ziehen.

2–4 Jahre: 1. Abn: 1 M re, *2 M zusstr, 7 M re*, von * bis * wiederholen und mit 1 M re aufhören. Die linke R str, danach 2. Abn: 1 M re, *2 M zusstr, 6 M re*, von * bis * wiederholen und mit 1 M re aufhören. Die linke R str, danach die 3. Abn: 1 M re, *2 M zusstr, 5 M re*, von * bis * wiederholen und mit 1 M re aufhören. Die linke R str. Diese Abn übereinander wiederholen, bis 20 M übrig bleiben. Dann jeweils 2 M zusstr. Den Faden durch die verbliebenen M ziehen.

6–8 Jahre: 1. Abn: 1 M re, *2 M zusstr, 8 M re*, von * bis * wiederholen und mit 1 M re aufhören. Die linke R str, danach die 2. Abn: 1 M re, *2 M zusstr, 7 M re*, von * bis * wiederholen und mit 1 M re aufhören. Die linke R str, danach die 3. Abn: 1 M re, *2 M zusstr, 6 M re*, von * bis * wiederholen und mit 1 M re aufhören. Die linke R str. Diese Abn übereinander wiederholen, bis 16 M übrig bleiben. Dann jeweils 2 M zusstr. Den Faden durch die verbliebenen M ziehen.

Die Naht schließen. Eine große Bommel in Neongelb anfertigen und fest auf die Mütze nähen.

TIPP

Die naturfarbene Mütze ohne Ohrenklappen ist nach der Anleitung „Naturfarbene Mütze" gearbeitet, jedoch ohne Ohrenklappen. Die ersten 4 R werden im Bündchenmuster 2/2 gearbeitet; danach gemäß Anleitung kraus rechts.

TIPP

Für das Jäckchen habe ich die Anleitung „Nina" genommen, siehe Seite 88.

Sophie

Einfacher Raglanpullover mit Streifen

GRÖSSEN 3/6/12/18 Monate
2/4 Jahre

SIE BRAUCHEN

Strickgarn: Blue Sky Alpacas Sport Weight oder Melange, 100 % Baby Alpaka, 1/2/2/3/3/4 × 50 g (100 m) von Farbe 1 (Blau), 1/1/2/2/3/3 × 50 g (100 m) von Farbe 2 (Natur)
Knöpfe: 4/4/5/5/6/6, Durchmesser 13 mm
Stricknadeln: Nr. 4 und 4,5

MUSTER

Glatt rechts: *1 R re, 1 R li*
Bündchenmuster 2/2: R1: *2 M re, 2 M li*, R2: Die M so str, wie sie erscheinen.

MASCHENPROBE

Glatt rechts: 10 cm × 10 cm = 21 M und 32 R

AUSFÜHRUNG
Vorderteil

Mit den 4er-Stricknadeln beginnen und 50/54/58/62/66/70 M anschlagen. In Farbe 1 4 R im Bündchenmuster 2/2 str. Mit den 4,5er-Stricknadeln glatt rechts gestreift weiterarbeiten (4 R in Farbe 1, 4 R in Farbe 2); mit 4 R Blau beginnen. Nach insgesamt 13/15/17/19/21/23 cm beidseitig 2 M für die Armausschnitte abk = 46/50/54/58/62/66 M. Anschließend beidseitig für die Raglanschrägung jeweils nach der 2. M in jeder 2. R abn, dazu 2 M li zusstr. Nach 9/10/12/13/15/18 Abn für den Hals die mittleren 8/10/10/12/12/12 M abk. Beide Teile getrennt weiterstricken. Dann am Halsausschnitt in jeder 2. R folgendermaßen abk: 3 M (0/0/0/0/1/1 ×), 2 M (1 ×), 1 M (2 ×). Gleichzeitig für die Raglanschrägung weiter abn. Die verbliebenen M abk.

Linkes Rückenteil

Mit den 4er-Stricknadeln beginnen und 26/30/30/34/34/38 M anschlagen. In Farbe 1 4 R im Bündchenmuster 2/2 str. Mit 4,5er-Stricknadeln glatt rechts gestreift weiterarbeiten. Nach insgesamt 13/15/17/19/21/23 cm links 2 M für die Armausschnitte abk = 24/28/28/30/30/34 M. Anschließend links für die Raglanschrägung jeweils nach der 2. M in jeder 2. R abn (14/15/17/18/20/22 ×). Die übrigen 10/13/11/12/10/12 M abk.

Rechtes Rückenteil

Genauso str wie das linke Rückenteil, jedoch spiegelverkehrt.

Linker Ärmel

Mit den 4er-Nadeln 30/32/34/36/38/40 M anschlagen und 4 R im Bündchenmuster 2/2 str. Mit den 4,5er-Stricknadeln glatt rechts gestreift weiterarbeiten (4 R in Farbe 1, 4 R in Farbe 2); mit 4 R in Farbe 1 beginnen. Beidseitig folgendermaßen zun:
3/6 Monate: 1 M in jeder 6. R 3/4 × = 36/40 M.
12/18 Monate: 1 M in jeder 8. R 5/6 × = 44/48 M.
2/4 Jahre: 1 M abwechselnd in jeder 6. und 8. R 6/7 × = 50/54 M.
Nach insgesamt 14/16/18/20/22/24 cm für die Armausschnitte beidseitig 2 M abk. Anschließend beidseitig für die Raglanschrägung jeweils nach der 2. M in jeder 2. R abn. Nach 9/10/12/14/16/18 Abn in jeder 2. R links abk: 3 M (3 ×). Rechts weiter für die Raglanschrägung abn. Die verbliebenen M abk.

Rechter Ärmel

Genauso str wie den linken Ärmel, jedoch spiegelverkehrt.

Fertigstellen

Raglannähte schließen. An beiden Rückenteilen 56/58/60/62/64/66 M aufn. Mit Blau 4 R Bündchenmuster 2/2 str. Auf der linken Seite abk. 4/4/5/5/6/6 Knopflöcher auf dem Bündchen des linken Rückenteils verteilen (Knopfloch: 2 M zusstr, 1 Umschlag). Um den Hals herum M aufn und mit Blau 4 R im Bündchenmuster 2/2 str. Dann abk. Ärmelunterseiten und Seitennähte schließen.

Lilly, siehe Seite 75

Sophie

Lilly

Pullover im Fantasiemuster

GRÖSSEN 2/4/6/8/10 JAHRE

SIE BRAUCHEN

Strickgarn: Schachenmayr Merino extrafine 120, 100 % Schurwolle, 4/5/6/7/8 × 50 g (120 m)
Knöpfe: 3, Durchmesser 12 mm
Stricknadeln: Nr. 4 und 4,5

MUSTER

Glatt rechts: *1 R re, 1 R li*
Fantasiemuster, unterbrochen 1/1:
R1: Alle M re str, R2 und 4: Alle M li str, R3: *1 M re, 1 M li*

MASCHENPROBE

Glatt rechts: 10 cm × 10 cm = 21 M und 32 R

AUSFÜHRUNG

Rückenteil

Mit den 4er-Stricknadeln beginnen und 65/69/73/77/81 M anschlagen. 6 R im Bündchenmuster 1/1 str. Mit den Nadeln Nr. 4,5 im Fantasiemuster weiterarbeiten. Nach insgesamt 21/23/25/27/29 cm für die Armausschnitte beidseitig 2 M abk. Anschließend beidseitig für die Raglanschrägung jeweils nach der 2. M in jeder 2. R 18/20/22/24/26 × folgendermaßen abn: 2 M re, 1 einfacher Überzug, re str, bis noch 4 M auf der Nadel sind, 2 M zusstr, 2 M re. Die verbleibenden 25 M abk.

Vorderteil

Wie das Rückenteil str. Nach 13/15/17/19/21 Abn auch die mittleren 5 M abk. Beide Seiten einzeln weiterstricken. Anschließend am Halsausschnitt folgendermaßen abk: 4 M (1 ×), 3 M (1 ×), 2 M (1 ×), 1 M (1 ×). Unterdessen für die Raglanschrägung weiter abn. Die verbliebenen M abk.

Linker Ärmel

Mit den 4er-Stricknadeln beginnen und 38/40/42/44/46 M anschlagen. 6 R im Bündchenmuster 1/1 str. Glatt rechts mit den Nadeln Nr. 4,5 weiterstricken. Beidseitig in jeder 6. und 8. R zun (6/7/8/9/10 ×) = 50/54/58/62/66 M. Nach insgesamt 21/23/25/27/30 cm für die Armausschnitte beidseitig 2 M abk. Anschließend für die Raglanschrägung jeweils nach der 2. M in jeder 2. R abn. Nach 15/17/19/21/23 Abn links abk: 3 M (3 ×). Rechts für die Raglanschrägung weiter abn. Die verbliebenen M abk.

Rechter Ärmel

Genauso str wie den linken Ärmel, jedoch spiegelverkehrt.

Fertigstellen

3 Raglannähte schließen. Die 4. Raglannaht bis 6 cm vor Ausschnittrand schließen. Seitennähte und Ärmelunterseiten schließen. Um den Hals herum M aufn, mit den Nadeln Nr. 4 im Bündchenmuster 1/1 ein 4 R hohes Bündchen str und abk. Schlaufen arbeiten und Knöpfe annähen.

Lena

Pullover mit Streifen und roten Taschen   GRÖSSEN 2/4/6/8/10 JAHRE

SIE BRAUCHEN
Strickgarn: Madelinetosh DK, 100 % Merinowolle, 1/2/2/2/2 × 100 g (205 m) von beiden Farben (Mint und Taupe), einen Garnrest in kontrastierender Farbe (Rot) für die Taschen
Stricknadeln: Nr. 4 und 4,5

MUSTER
Bündchenmuster 1/1: R1: *1 M re, 1 M li*, R2: Die M so str, wie sie erscheinen.
Glatt rechts: *1 R re, 1 R li*

MASCHENPROBE
Glatt rechts: 10 cm × 10 cm = 21 M und 28 R

AUSFÜHRUNG
Rückenteil
Mit den 4er-Nadeln in Mint beginnen. 65/69/73/77/81 M anschlagen und 4 R im Bündchenmuster 1/1 str. Mit den Nadeln Nr. 4,5 glatt rechts in Streifen weiterarbeiten (4 R in Mint, 4 R in Taupe). Bei insgesamt 34/38/41/44/47 cm mit den Nadeln Nr. 4 in Mint weiterarbeiten und noch 4 R Bündchenmuster 1/1 str. Anschließend abk.

Taschen
In der kontrastierenden Farbe 12/12/14/14/15 M anschlagen und 8/8/9/9/10 cm glatt rechts str. Die M stilllegen. So 2 Taschen str.

Vorderteil
Mit den 4er-Nadeln in Mint beginnen. 65/69/73/77/81 M anschlagen und 4 R im Bündchenmuster 1/1 str. Mit den Nadeln Nr. 4,5 glatt rechts in Streifen weiterarbeiten. Nach insgesamt 9/10/11/12/13 cm beidseitig jeweils nach der 8. M für die Taschen 12/12/14/14/15 M abk. In der nächsten R die stillgelegten M der Taschen aufn, genau an der Stelle, wo die M abgekettet wurden. Glatt rechts in Streifen weiterarbeiten. Nach insgesamt 31/35/37/39/42 cm für den Hals die mittleren 19/23/23/25/25 M stilllegen und beide Teile getrennt weiterstricken. Dann am Hals in jeder 2. R folgendermaßen abk: 3 M (1 ×), 2 M (1 ×), 1 M (2/2/3/3/4 ×). Die übrigen 16/16/17/18/19 M der beiden Schulterhälften stilllegen.
Die stillgelegten M der ersten Schulter aufn, dann rund um den Hals M aufn, die stillgelegten M des Halses aufn, auf der anderen Halsseite M aufn, die stillgelegten M der anderen Schulter aufn. In Mint 4 R Bündchenmuster 1/1 mit Nadeln Nr. 4 str.

Ärmel
Mit den 4er-Stricknadeln beginnen und 37/39/41/43/45 M anschlagen. 4 R Bündchenmuster 1/1 str. Dann mit den Nadeln Nr. 4,5 glatt rechts in Streifen weiterarbeiten und beidseitig in jeder 8. R zun (4/5/6/7/8 ×) = 45/49/53/57/61 M. Nach insgesamt 24/27/30/34/37 cm die M abk. Beide Ärmel identisch str.

Fertigstellen
Schulternähte schließen. Ärmel einsetzen, Seiten und Ärmelunterseiten schließen. Seiten und Unterkanten der Taschen nähen.

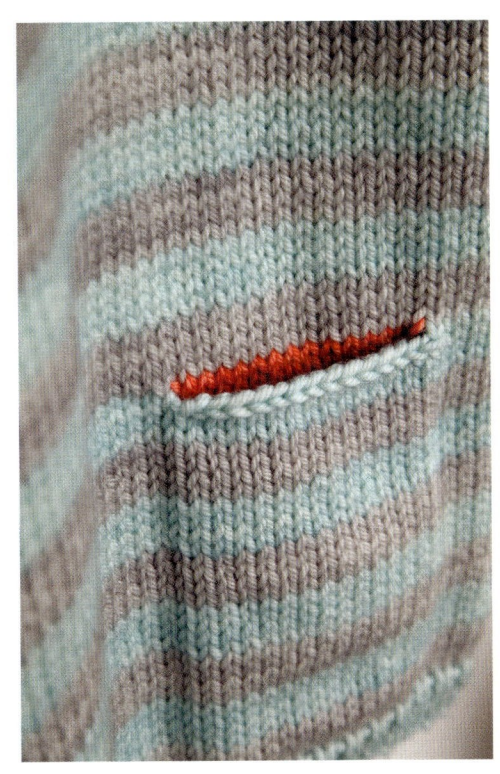

Hannah, siehe Seite 79

Hannah

Pullover mit Zopfmuster

GRÖSSEN 3/6/12/18/24 Monate

SIE BRAUCHEN
Strickgarn: Madelinetosh Merino light, 100 % Merinowolle, 1/1/1/1/2 × 100 g (384 m)
Stricknadeln: Nr. 3 und 3,5

MUSTER
Glatt links: *1 R li, 1 R re*
Glatt rechts: *1 R re, 1 R li*
Bündchenmuster 1/1: R1: *1 M re, 1 M li*, R2: Die M so str, wie sie erscheinen.
Zopf über 3 M: R1 und R5: Alle M re str, R2 und alle geraden R: Alle M li str, R3: 2 M auf Hilfsnadel vor die Arbeit legen, 1 M re, die 2 M von der Hilfsnadel str.
Zopf über 6 M: R1 und R5: Alle M re str, R2 und alle geraden R: Alle M li str, R3: 3 M auf Hilfsnadel vor die Arbeit legen, 3 M re, die 3 M von der Hilfsnadel str.

MASCHENPROBE
Glatt rechts: 10 cm × 10 cm = 26 M und 35 R

AUSFÜHRUNG
Der Pullover wird in einem Stück gestrickt. Sie beginnen am Hals.
Mit den 3er-Stricknadeln beginnen und 61/66/71/76/81 M anschlagen. 2/2/4/4/4 R kraus rechts str. Dann die 3,5er-Nadeln nehmen und im Zopfmuster weiterarbeiten wie nachstehend beschrieben. In das linke, kraus rechts gestrickte Bündchen Knopflöcher arbeiten (2 M zusstr, 1 Umschlag), beginnend in der 3. R und danach in jeder 16. R.

Passe
R1: 4 M kraus rechts (Knopflochleiste), 4 M glatt links, *1 M li, 3 M re, 1 M li*, 4 M glatt links, 4 M kraus rechts (Knopflochleiste).
R2: 4 M kraus rechts, die nächsten M so str, wie sie erscheinen, 4 M kraus rechts.
R3: 4 M kraus rechts, 4 M glatt links, *1 M li, 2 M auf die Hilfsnadel nehmen, 1 M re, die 2 M von der Hilfsnadel str, 1 M li, 1 Zun in der R*, 1 M li, 2 M auf die Hilfsnadel nehmen, 1 M re, die 2 M von der Hilfsnadel str, 1 M li, 4 M li, 4 M kraus rechts = 69/75/81/87/93 M.
R4: 4 M kraus rechts, die nächsten M so str, wie sie erscheinen, 4 M kraus rechts.
R5: 4 M kraus rechts, 4 M li, *1 M li, 3 M re, 2 M li, 1 Zun in der R*, 1 M li, 3 M re, 1 M li, 4 M li, 4 M kraus rechts = 77/84/91/98/105 M.
R6: 4 M kraus rechts, die nächsten M so str, wie sie erscheinen, 4 M kraus rechts.
R7: 4 M kraus rechts, 4 M li, *1 M li, 3 M re, 3 M li, Zun in der R*, 1 M li, 3 M re, 1 M li, 4 M li, 4 M kraus rechts = 85/93/101/109/117 M.
R8: 4 M kraus rechts, die nächsten M so str, wie sie erscheinen, 4 M kraus rechts.
R9: 4 M kraus rechts, 4 M li, *1 M li, 2 M auf die Hilfsnadel nehmen, die nächste M 1 × vorn und 1 × hinten str, die 2 M von der Hilfsnadel str, 4 M li, 1 Zun in der R*, 1 M li, 2 M auf die Hilfsnadel nehmen, die nächste M 1 × vorn und 1 × hinten str, die 2 M von der Hilfsnadel str, 1 M li, 4 M li, 4 M kraus rechts = 102/112/122/132/142 M.
R10: 4 M kraus rechts, die nächsten M so str, wie sie erscheinen, 4 M kraus rechts.
R11: 4 M kraus rechts, 4 M li, *1 M li, 4 M re, 5 M li, 1 Zun in der R*, 1 M li, 4 M re, 1 M li, 4 M li, 4 M kraus rechts = 110/121/132/143/154 M.
R12: 4 M kraus rechts, die nächsten M so str, wie sie erscheinen, 4 M kraus rechts.
R13: 4 M kraus rechts, 4 M li, *1 M li, 4 M re, 6 M li, 1 Zun in der R*, 1 M li, 4 M re, 1 M li, 4 M li, 4 M kraus rechts = 118/130/142/154/166 M.
R14: 4 M kraus rechts, die M so str, wie sie erscheinen, 4 M kraus rechts.
R15: 4 M kraus rechts, 4 M li, *1 M li, 4 M re, 7 M li, 1 Zun in der R*, 1 M li, 4 M re, 1 M li, 4 M li, 4 M kraus rechts = 126/139/152/165/178 M.
R16: 4 M kraus rechts, die nächsten M so str, wie sie erscheinen, 4 M kraus rechts.
R17: 4 M kraus rechts, 4 M li, *1 M li, 3 M auf die Hilfsnadel nehmen, die nächste M 1 × vorn und 1 × hinten str, die 3 M von der Hilfsnadel str, 8 M li, 1 Zun in der R*, 1 M li, 3 M auf die Hilfsnadel nehmen, die nächste M 1 × vorn und 1 × hinten

str, die 3 M von der Hilfsnadel str, 1 M li, 4 M li, 4 M kraus rechts = 143/158/173/188/203 M.
R18: 4 M kraus rechts, die nächsten M so str, wie sie erscheinen, 4 M kraus rechts.
R19: 4 M kraus rechts, 4 M li, *1 M li, 5 M re, 9 M li, 1 Zun in der R*, 1 M li, 5 M re, 1 M li, 4 M li, 4 M kraus rechts = 151/167/183/199/215 M.
R20–R24: 4 M kraus rechts, die nächsten M so str, wie sie erscheinen, 4 M kraus rechts.
R25: 4 M kraus rechts, 4 M li, *1 M li, 3 M auf die Hilfsnadel nehmen, 1 M re, die nächste M 1 × vorn und 1 × hinten str, die 3 M von der Hilfsnadel str, 10 M li, 1 Zun in der R*, 1 M li, 3 M auf die Hilfsnadel nehmen, 1 M re, die nächste M 1 × vorn und 1 × hinten str, die 3 M von der Hilfsnadel str, 1 M li, 4 M li, 4 M kraus rechts = 168/186/204/222/240 M.
R26: 4 M kraus rechts, die nächsten M so str, wie sie erscheinen, 4 M kraus rechts.
R27: 4 M kraus rechts, 4 M li, *1 M li, 6 M re, 11 M li, 1 Zun in der R*, 1 M li, 6 M re, 1 M li, 4 M li, 4 M kraus rechts = 176/195/214/233/252 M.
R28: 4 M kraus rechts, die nächsten M so str, wie sie erscheinen, 4 M kraus rechts.
R29: 4 M kraus rechts, 4 M li, *1 M li, 6 M re, 12 M li, 1 Zun in der R*, 1 M li, 6 M re, 1 M li, 4 M li, 4 M kraus rechts = 184/204/224/244/264 M.
R30: 4 M kraus rechts, die nächsten M so str, wie sie erscheinen, 4 M kraus rechts.

R29 und R30 noch 0/1/3/4/4 × wiederholen, den Zopf über 6 M in jeder 8. R kreuzen, dafür die M auf einer Hilfsnadel vor die Arbeit legen = 184/213/254/277/313 M.

Noch 0/0/2/4/6 R im Zopfmuster str. Dann glatt rechts weiterarbeiten. Die M folgendermaßen verteilen: 27/31/39/42/48 M linkes Vorderteil; 41/45/52/58/63 M linker Ärmel; 48/61/72/77/89 M Rückenteil; 41/45/52/58/63 M rechter Ärmel; 27/31/39/42/48 M rechtes Vorderteil.

Ärmel

Zuerst die Ärmel fertigstellen und die anderen M stilllegen. Für 3/6/12 Monate beidseitig 2 M extra anschlagen. Glatt rechts weiterstricken und beidseitig folgendermaßen abn:
3 Monate: 1 M in jeder 4. R (6 ×).
6 Monate: 1 M in jeder 6. R (7 ×).
12/18/24 Monate: 1 M in abwechselnd jeder 6. und 8. R (8/8/9 ×).
Nach insgesamt 13/15/17/18/20 cm ab der Raglanschrägung mit den 2,5er-Nadeln M aufn und 4 R re str. Dann locker abk. Beide Ärmel identisch str.

Alle stillgelegten M wieder auf 1 Stricknadel nehmen. Für 3/6/12 Monate zwischen Vorder- und Rückenteil jeweils 4 M anschlagen. Glatt rechts weiterstricken. Die ersten und die letzten 4 M von jeder R kraus rechts str. In der ersten R immer die erste und die letzte M von jedem Teil zusstr.
Nach insgesamt 13/15/17/18/20 cm noch 4 R kraus rechts str. Die M abk.

Fertigstellen

Die Knöpfe annähen. Ärmelunterseiten schließen.

Elisa

Herzchen-Pullover

GRÖSSEN 2/4/6/8 JAHRE

SIE BRAUCHEN

Strickgarn: Madelinetosh DK, 100 % Merinowolle, 2/4/4/5 × 100 g (205 m) von der Hauptfarbe (Hellbraun), 1 × 100 g (205 m) in kontrastierender Farbe (Pink) für die Herzen und den Rand
Stricknadeln: Nr. 4 und 4,5

MUSTER

Glatt rechts: *1 R re, 1 R li*
Bündchenmuster 1/1: R1: *1 M re, 1 M li*, R2: Die M so str, wie sie erscheinen.

MASCHENPROBE

Glatt rechts: 10 cm × 10 cm = 21 M und 28 R

AUSFÜHRUNG
Rückenteil

Mit den 4er-Stricknadeln beginnen und 65/74/78/83 M anschlagen. 2 R im Bündchenmuster 1/1 str. Mit den 4,5er-Nadeln glatt rechts weiterarbeiten. Nach 3 cm anfangen, die Herzen folgendermaßen einzustricken: 1/1/3/1 M re, Strickmuster Herz (7/8/8/9 ×), 1/1/3/1 M re. Nach insgesamt 21/23/25/27 cm für die Armausschnitte beidseitig 2 M abk. Anschließend für die Raglanschrägung jeweils nach der 2. M in jeder 2. R folgendermaßen abn: 2 M re, 1 einfacher Überzug, re str, bis noch 4 M auf der Nadel sind, 2 M zusstr, 2 M re. Diese Abn 18/20/22/24 × durchführen. Die übrigen 25/30/30/31 M abk.

Strickmuster Herz

	×				×		
×	×	×		×	×	×	
×	×	×	×	×	×	×	
×	×	×	×	×	×	×	
	×	×	×	×	×		
		×	×	×			
			×				

Vorderteil

Wie das Rückenteil str. Nach insgesamt 32/35/38/41 cm die mittleren 5/10/10/11 M abk. Beide Seiten einzeln weiterstricken. Am Halsausschnitt folgendermaßen abn: 4 M (1 ×), 3 M (1 ×), 2 M (1 ×), 1 M (1 ×). Unterdessen für die Raglanschrägung weiter abn. Danach die verbliebenen M abk.

Ärmel

Mit den 4er-Stricknadeln beginnen und 38/40/42/44 M anschlagen. 2 R im Bündchenmuster 1/1 str. Mit den 4,5er-Nadeln glatt rechts weiterarbeiten. Beidseitig in jeder 6. und 8. R zun (6/7/8/9 ×) = 50/54/58/62 M. Nach insgesamt 21/24/27/30 cm für die Raglanschrägung abn wie beim Rücken. Anschließend die verbliebenen 10 M abk.

Fertigstellen

Raglannähte schließen. Seitennähte und Ärmelunterseiten schließen. Um den Hals herum M aufn, 2 R im Bündchenmuster 1/1 str und in der kontrastierenden Farbe abk.

Ellen
Häkelmütze

GRÖSSEN 2–4 JAHRE: DURCHMESSER CA. 14 CM
4–6 JAHRE: DURCHMESSER CA. 15 CM
8–10 JAHRE: DURCHMESSER CA. 16 CM

SIE BRAUCHEN
Häkelgarn: Cascade Baby Alpaca Chunky, 100 % Baby Alpaka, 1 × 100 g (100 m)
Häkelnadel: Nr. 6

MUSTER
Luftmaschen (Lm), feste Maschen (fM), Kettmaschen (Km), halbe Stäbchen (hStb)

AUSFÜHRUNG
4 Lm häkeln und mit 1 Km in die 1. Lm schließen.
R1: In den Kreis 8 hStb häkeln.
R2: In jedes hStb 2 hStb häkeln.
R3: *1 hStb in das nächste hStb häkeln, 2 hStb in das nächste hStb*, von * bis * wiederholen.
R4: *1 hStb in die nächsten 2 hStb häkeln, 2 hStb in das nächste hStb*, von * bis * wiederholen.
R5: *1 hStb in die nächsten 3 hStb häkeln, 2 hStb in das nächste hStb*, von * bis * wiederholen.
R6: *1 hStb in die nächsten 4 hStb häkeln, 2 hStb in das nächste hStb*, von * bis * wiederholen.
So weiterhäkeln und bis zur gewünschten Kreisgröße nach demselben Prinzip weiter zun (4 wird 5, 6, 7, 8, 9 ...).

Dann bis zur gewünschten Höhe (25/26/27 cm) gerade weiterhäkeln (= 1 hStb in jedes hStb).
Noch 3 weitere Runden häkeln und die Fäden vernähen.

LUCIE
Pullover mit Lochmuster

GRÖSSEN 3/6/12/18 MONATE
2/4 JAHRE

SIE BRAUCHEN
Strickgarn: Madelinetosh Merino light, 100 % Merinowolle, 1/1/1/1/2/2 × 100 g (384 m)
Knöpfe: 5/6/6/7/7/8, Durchmesser 12 mm
Stricknadeln: Nr. 3 und 3,5

MUSTER
Glatt rechts: *1 R re, 1 R li*
Kraus rechts: Alle R re str.

MASCHENPROBE
Glatt rechts: 10 cm × 10 cm = 26 M und 35 R

AUSFÜHRUNG
Der Pullover wird in einem Stück gearbeitet. Sie beginnen am Hals.
In das kraus rechts gestrickte linke Bündchen 5/6/6/7/7/8 Knopflöcher einarbeiten: in R3, R19, R35 usw. des Ajourmusters (Knopfloch: 2 M zusstr, 1 Umschlag).

Passe
Mit den 3er-Stricknadeln beginnen und 62/66/70/78/82/86 M anschlagen. 2/2/4/4/4 R kraus rechts str. Anschließend mit den Nadeln Nr. 3,5 folgendermaßen im Ajourmuster weiterarbeiten:
R1: 4 M kraus rechts (Knopflochleiste), die nächste M re, 4 M kraus rechts (Knopflochleiste).
R2: 4 M kraus rechts, die nächste M li, 4 M kraus rechts.
R3: 4 M kraus rechts, 4 M glatt rechts, *1 Umschlag, 2 M zusstr, 1 M re, 1 Zun in der R., 1 M re*, 1 Umschlag, 2 M zusstr, 4 M glatt rechts, 4 M kraus rechts = 73/78/83/93/98/103 M.
R4: 4 M kraus rechts, die nächste M li, 4 M kraus rechts.
R5: 4 M kraus rechts, die nächste M re, 4 M kraus rechts.
R6: 4 M kraus rechts, die nächste M li, 4 M kraus rechts.
R7: 4 M kraus rechts, 4 M glatt rechts, *1 Umschlag, 2 M zusstr, 2 M re, 1 Zun in der R., 1 M re*, 1 Umschlag, 2 M zusstr, 4 M glatt rechts, 4 M kraus rechts = 84/90/96/108/114/120 M.
R8: 4 M kraus rechts, die nächste M li, 4 M kraus rechts.
R9: 4 M kraus rechts, die nächste M re, 4 M kraus rechts.
R10: 4 M kraus rechts, die nächste M li, 4 M kraus rechts.
R11: 4 M kraus rechts, 4 M glatt rechts, *1 Umschlag, 2 M zusstr, 2 M re, 1 Zun in der R., 2 M re*, 1 Umschlag, 2 M zusstr, 4 M glatt rechts, 4 M kraus rechts = 95/102/109/123/130/137 M.
R12: 4 M kraus rechts, die nächste M li, 4 M kraus rechts.
R13: 4 M kraus rechts, die nächste M re, 4 M kraus rechts
R14: 4 M kraus rechts, die nächste M li, 4 M kraus rechts.
R15: 4 M kraus rechts, 4 M glatt rechts, *1 Umschlag, 2 M zusstr, 3 M re, 1 Zun in der R, 2 M re*, 1 Umschlag, 2 M zusstr, 4 M glatt rechts, 4 M kraus rechts = 106/114/122/138/146/154 M.
R16: 4 M kraus rechts, die nächste M li, 4 M kraus rechts.
R17: 4 M kraus rechts, die nächste M re, 4 M kraus rechts.
R18: 4 M kraus rechts, die nächste M li, 4 M kraus rechts.
R19: 4 M kraus rechts, 4 M glatt rechts, *1 Umschlag, 2 M zusstr, 3 M re, 1 Zun in der R., 3 M re*, 1 Umschlag, 2 M zusstr, 4 M glatt rechts, 4 M kraus rechts = 117/126/135/153/162/171 M.
R20: 4 M kraus rechts, die nächste M li, 4 M kraus rechts.
R21: 4 M kraus rechts, die nächste M re, 4 M kraus rechts.
R22: 4 M kraus rechts, die nächste M li, 4 M kraus rechts.
R23: 4 M kraus rechts, 4 M glatt rechts, *1 Umschlag, 2 M zusstr, 4 M re, 1 Zun in der R, 3 M re*, 1 Umschlag, 2 M zusstr, 4 M glatt rechts, 4 M kraus rechts = 128/138/148/168/178/188 M.
R24: 4 M kraus rechts, die nächste M li, 4 M kraus rechts.
R25: 4 M kraus rechts, die nächste M re, 4 M kraus rechts.
R26: 4 M kraus rechts, die nächste M li, 4 M kraus rechts.
R27: 4 M kraus rechts, 4 M glatt rechts, *1 Umschlag, 2 M zusstr, 4 M

re, 1 Zun in der R., 4 M re*, 1 Umschlag, 2 M zusstr, 4 M glatt rechts, 4 M kraus rechts = 139/150/161/183/194/205 M.

R28: 4 M kraus rechts, die nächste M li, 4 M kraus rechts.

R29: 4 M kraus rechts, 4 M glatt rechts, *2 M re, 5 M re, 1 Zun in der R, 4 M re*, 2 M re, 4 M glatt rechts, 4 M kraus rechts = 150/162/174/198/210/222 M.

R30: 4 M kraus rechts, die nächste M li, 4 M kraus rechts.

R 31: 4 M kraus rechts, 4 M glatt rechts, *1 Umschlag, 2 M zusstr, 5 M re, 1 Zun in der R., 5 M re*, 1 Umschlag, 2 M zusstr, 4 M glatt rechts, 4 M kraus rechts = 161/174/187/213/226/239 M.

R32: 4 M kraus rechts, die nächste M li, 4 M kraus rechts.

R33: 4 M kraus rechts, 4 M glatt rechts, *2 M re, 6 M re, 1 Zun in der R, 5 M re*, 2 M re, 4 M glatt rechts, 4 M kraus rechts = 172/186/200/228/242/256 M.

R34: 4 M kraus rechts, die nächste M li, 4 M kraus rechts.

R35: 4 M kraus rechts, 4 M glatt rechts, *1 Umschlag, 2 M zusstr, 6 M re, 1 Zun in der R, 6 M re*, 1 Umschlag, 2 M zusstr, 4 M glatt rechts, 4 M kraus rechts = 183/198/213/243/258/273 M.

R36: 4 M kraus rechts, die nächste M li, 4 M kraus rechts.

R37: 4 M kraus rechts, 4 M glatt rechts, *2 M re, 7 M re, 1 Zun in der R, 6 M re*, 2 M re, 4 M glatt rechts, 4 M kraus rechts = 194/210/226/258/274/290 M.

R38: 4 M kraus rechts, die nächste M li, 4 M kraus rechts.

R39: 4 M kraus rechts, 4 M glatt rechts, *1 Umschlag, 2 M zusstr, 7 M re, 1 Zun in der R, 7 M re*, 1 Umschlag, 2 M zusstr, 4 M glatt rechts, 4 M kraus rechts.

R40: 4 M kraus rechts, die nächste M li, 4 M kraus rechts.

R41: 4 M kraus rechts, 4 M glatt rechts, *2 M re, 7 M re, 1 Zun in der R, 8 M re*, 2 M re, 4 M glatt rechts, 4 M kraus rechts = 216/234/252/288/307/324 M.

R42: 4 M kraus rechts, die nächste M li, 4 M kraus rechts.

Dann noch 0/2/4/6/8 R im Ajourmuster str, ohne M zuzunehmen.

Verteilung der Maschen

Weiterstricken im Ajourmuster (also in jeder 4. Reihe Löcher einarbeiten). Die M folgendermaßen aufteilen: 32/34/38/44/46/48 M linkes Vorderteil; 48/51/56/60/64/68 M linker Ärmel; 56/64/64/80/87/92 M Rückenteil; 48/51/58/60/64/68 M rechter Ärmel; 32/34/42/44/46/48 M rechtes Vorderteil.

Ärmel

Zuerst die Ärmel fertigstellen und die anderen M stilllegen. Weiterstricken und beidseitig folgendermaßen abn: 3 Monate: 1 M in jeder 4. R (6 ×). 6 Monate: 1 M in jeder 6. R (7 ×). 12/18/24 Monate/4 Jahre: 1 M in abwechselnd jeder 6. und 8. R (8/8/9/9 ×).

So bleiben noch 36/37/42/44/46/50 M übrig.

Nach insgesamt 13/15/17/18/20/24 cm ab der Raglanschrägung die Nadeln Nr. 3 nehmen und noch 4 R re str. Die M locker abk. Beide Ärmel identisch str.

Vorder- und Rückenteil

Die stillgelegten M auf 1 Stricknadel aufn und glatt rechts weiterstricken. Die ersten und die letzten 4 M jeweils kraus rechts str. In der 1. R immer die erste und die letzte M von jedem Teil zusstr.

Nach insgesamt 13/15/17/18/20/24 cm ab der Raglanschrägung noch 4 R kraus rechts str und die M abk.

Fertigstellen

Die Knöpfe annähen. Ärmelunterseiten schließen.

Nina

Jacke mit andersfarbigen Bündchen

GRÖSSEN (3/6/12/18 Monate) 2/4/6/8/10 Jahre

SIE BRAUCHEN

Strickgarn: Malabrigo Worsted, 100 % Merinowolle, (1/1/2/2) 2/3/3/4/4 × 100 g (192 m) in der Hauptfarbe (Dunkelgrün), für alle Größen 1 × 100 g (192 m) in Farbe 2 (Blau)
Knöpfe: (4/4/4/5) 5/5/6/6/6, Durchmesser 15 mm
Stricknadeln: Nr. 4 und 5

MUSTER

Glatt rechts: *1 R re, 1 R li*
Bündchenmuster 2/2: R1: *2 M re, 2 M li*, R2: Die M so str, wie sie erscheinen.

MASCHENPROBE

Glatt rechts: 10 cm × 10 cm = 19 M und 25 R

AUSFÜHRUNG

Rückenteil

Mit den 4er-Nadeln in Farbe 2 beginnen und (50/54/58/62) 66/70/74/78/82 M anschlagen. (4) 6 R im Bündchenmuster 2/2 str. Dann glatt rechts mit den Nadeln Nr. 5 in der Hauptfarbe weiterarbeiten. Nach insgesamt (15/17/19/20) 22/24/26/28/30 cm beidseitig (1) 2 M für die Armausschnitte abk = (48/52/56/60) 62/66/70/74/78 M. Anschließend für die Raglanschrägung abn, in jeder 2. R 2 × doppelte Abn und dann (11/12/13/14) 16/18/20/22/24 × einfache Abn. Dies geschieht folgendermaßen:

Doppelte Abn: 3 M re, 3 M zusstr, re str, bis noch 6 M auf der Nadel sind, 1 doppelter Überzug, 3 M re.
Einfache Abn: 3 M re, 2 M zusstr, re str, bis noch 5 M auf der Nadel sind, 1 einfacher Überzug, 3 M re. Die übrigen (18/20/22/24) 22/22/22/22/22 M abk.

Linkes Vorderteil

Mit den 4er-Stricknadeln beginnen und (22/26/26/30) 30/34/38/38/42 M mit Farbe 2 anschlagen. (4) 6 R im Bündchenmuster 2/2 str. Glatt rechts mit den Nadeln Nr. 5 in der Hauptfarbe weiterarbeiten. Nach insgesamt (8/8/9/10) 11/12/13/13/14 cm die Tasche folgendermaßen arbeiten: (6/8/8/10) 8/10/12/12/14 M stilllegen, die nächsten (10) 14 M in Farbe 2 str und die letzten (6/8/8/10) 8/10/12/12/14 M ebenfalls stilllegen. Die mittleren (10) 14 M folgendermaßen weiterstricken: 1 R li auf der Vorderseite der Arbeit, (16) 20 R glatt rechts, 1 R li auf der Vorderseite der Arbeit, (16) 20 R glatt rechts.

Dann die stillgelegten M wieder aufn und in der Hauptfarbe weiterstricken = (22/26/26/30) 30/34/38/38/42 M. Nach (15/17/19/20) 22/24/26/28/30 cm links (1) 2 M für die Armausschnitte abk und anschließend für die Raglanschrägung wie beim Rückenteil abn. Nach (8/9/10/11) 12/14/16/18/20 Abn für den Hals in jeder 2. R folgendermaßen abk: (3/3/3/3) 4/4/5/5/5 M (1 ×), 2 M (2 ×). Die übrigen M abk.

Rechtes Vorderteil

Genauso str wie das linke Vorderteil, jedoch spiegelverkehrt.

Ärmel

Mit den 4er-Stricknadeln beginnen und (22/26/30/34) 38/38/42/42/46 M anschlagen. Mit Farbe 2 (4) 6 R im Bündchenmuster 2/2 str. Glatt rechts mit den Nadeln Nr. 5 in der Hauptfarbe weiterarbeiten und beidseitig in jeder 10. R 1 M zun (2/3/3/4) 5/6/7/8/8 × = (26/32/36/42) 48/50/56/58/62 M. Nach insgesamt (15/17/19/20) 21/24/27/30/32 cm beidseitig (1) 2 M für die Armausschnitte abk. Anschließend für die Raglanschrägung in jeder 2. R mit einfachen Abn (13/14/15/16) 18/20/22/24/26 × abn.

Kapuze

Mit den Stricknadeln Nr. 5 beginnen und (75/78/81/84) 87/90/93/96/100 M anschlagen. Glatt rechts (11) 12/12/13/14/14 cm in der Hauptfarbe str. Die ersten und die letzten (25/26/27/28) 29/30/31/32/33 M stilllegen und auf den mittleren M weiterstricken. Beidseitig in jeder 6. R (5) 6/6/7/7/7 × 1 M abn.

Fertigstellen

Raglannähte schließen. Seitennähte und Ärmelunterseiten schließen. Seitenkanten der Taschen schließen. Die beiden Kapuzennähte schließen. Die Kapuze in den Halsausschnitt nähen. Anschließend vorn an den Seitenkanten und am Kapu-

zenrand M aufn (linkes Vorderteil – Kapuze – rechtes Vorderteil). Mit den 4er-Nadeln 6 R im Bündchenmuster 2/2 str und dann abk. Zugleich in der 3. R (4/4/4/5) 5/5/6/6/6 Knopflöcher in das Bündchen auf der rechten Seite arbeiten (Knopfloch: 2 M zusstr, 1 Umschlag). Das erste Knopfloch nach 4 M ab der Unterkante und das letzte 4 M vor der Kapuze. Dann die Knöpfe annähen.

Violetta

Pullover mit Glitzertaschen

GRÖSSEN 2/4/6/8/10 Jahre

SIE BRAUCHEN

Strickgarne: Madelinetosh DK, 100 % Merinowolle, 2/3/3/4/4 × 100 g (205 m), La Droguerie Plumette, 70 % Super Kid Mohair, 30 % Polyamid, 50 g (500 m) und Anchor Artiste Lurex, 62 % Polyester metallisiert, 38 % Polyamid, 10 g (133 m) für die Taschen
Knöpfe: 4/5/5/6/6, Durchmesser 13 mm
Stricknadeln: Nr. 4 und 5

MUSTER

Kraus rechts: Alle R re str.
Bündchenmuster 2/2: R1: *2 M re, 2 M li*, R2: Die M so str, wie sie erscheinen.
Glatt rechts: *1 R re, 1 R li*

MASCHENPROBE

Glatt rechts: 10 cm × 10 cm = 21 M und 28 R

AUSFÜHRUNG

Taschen

Zwei Taschen mit einer Mischung aus Glitterwolle und Plumette folgendermaßen str: Mit Stricknadeln Nr. 4 15/15/17/20/20 M anschlagen, 10 cm glatt rechts str und die M stilllegen.

Vorderteil

Mit den 4er-Stricknadeln beginnen und 65/70/74/78/83 M anschlagen. 10/10/12/12/14 cm kraus rechts str. Mit den Nadeln Nr. 5 folgendermaßen weiterarbeiten: 8/8/8/10/10 M kraus rechts str, 15/15/17/20/20 M abk, die mittleren 19/24/24/18/23 M kraus rechts, 15/15/17/20/20 M abk, 8/8/8/10/10 M kraus rechts. Dann die stillgelegten M der Taschen aufn, an der Stelle der abgeketteten M, und glatt rechts weiterstricken. Nach insgesamt 21/23/25/27/29 cm für die Armausschnitte beidseitig 2 M abk. Anschließend für die Raglanschrägung jeweils nach der 2. M in jeder 2. R folgendermaßen abn: 2 M kraus rechts, 1 einfacher Überzug, re str, bis noch 4 M auf der Nadel sind, 2 M zusstr, 2 M kraus rechts. Nach 14/15/16/18/20 Abn die mittleren 5/6/6/6/7 M abk und beide Seiten einzeln weiterstricken. Dann am Halsausschnitt 4 M (1 ×), 3 M (1 ×), 2 M (1 ×), 1 M (1 ×) abn. Unterdessen auch weiter für die Raglanschrägung abn.

Rückenteil

Mit den 4er-Stricknadeln beginnen und 65/70/74/78/83 M anschlagen. 10/10/12/12/14 cm kraus rechts str. Mit den Nadeln Nr. 5 auf den ersten 31/33/35/37/39 M weiterstricken. Die übrigen 34/37/39/42/44 M stilllegen. In der ersten R (= in der Mitte der Strickarbeit) 4 M auf der rechten Seite hinzufügen. Glatt rechts str, nur die letzten 4 M kraus rechts (für die Knopfleiste). Anschließend nach insgesamt 21/23/25/27/29 cm rechts 2 M abk. Dann rechts mit dem Abn für die Raglanschrägung beginnen, in jeder 2. R (18/19/20/22/24 ×). Die übrigen M stilllegen. Die stillgelegten 34/37/39/42/44 M wieder aufn und die ersten 4 M kraus rechts str (für die Knopflochleiste), die übrigen M glatt rechts.
Das erste Knopfloch 1 cm nach Beginn des krausen Bündchens einarbeiten. 3/4/4/5/5 weitere Knopflöcher auf der Leiste verteilen. Nach insgesamt 21/23/25/27/29 cm links für die Raglanschrägung wie auf der rechten Seite abn. Die übrigen M stilllegen.

Ärmel

Mit den 4er-Stricknadeln beginnen und 36/38/40/42/44 M anschlagen. 10 cm kraus rechts str. Mit den Nadeln Nr. 5 glatt rechts weiterarbeiten. Beidseitig in jeder 6. R zun (6/7/8/9/10 ×) = 48/50/54/58/62 M. Nach insgesamt 21/24/27/30/32 cm beidseitig für die Raglanschrägung wie beim Rückenteil abn. Dann die verbliebenen 10 M abk.

Fertigstellen

Raglannähte schließen. Seitennähte und Ärmelunterseiten schließen. Die Taschen annähen. Um den Hals herum M aufn, 2 R kraus rechts ein Bündchen str und abk. Die Knöpfe annähen.

IDA

Cardigan mit Streifen auf dem Ärmel

GRÖSSEN (6/12/18 MONATE)
2/4/6/8 JAHRE

SIE BRAUCHEN

Strickgarn: Schachenmayr Merino extrafine 120, 100 % Schurwolle, (2/3/3) 4/4/5/6 × 50 g (120 m) von der Hauptfarbe (Grau), für alle Größen 1 × 50 g (120 m) von Farbe 2 (Lila)
Knöpfe: (4/4/5) 5/6/6/6, Durchmesser 12 mm
Stricknadeln: Nr. 4 und 4,5

MUSTER

Kraus rechts: Alle R re str.
Glatt rechts: *1 R re, 1 R li*

MASCHENPROBE

Glatt rechts: 10 × 10 cm = 21 M und 32 R

AUSFÜHRUNG

Rückenteil

Mit den 4er-Stricknadeln beginnen und (53/59/64) 67/70/74/78 M anschlagen. In der Hauptfarbe 6 R kraus rechts str. Mit den 4,5er-Nadeln glatt rechts weiterarbeiten. Nach insgesamt (17/19/20) 21/23/25/27/29 cm für die Armausschnitte beidseitig 2 M abk. Anschließend für die Raglanschrägung jeweils nach der 3. M in jeder 2. R folgendermaßen abn: 3 M re, 2 M li zusstr, re str, bis noch 5 M auf der Nadel sind, 2 M li zusstr, 3 M re. Diese Abn (15/16/17) 18/19/20/22 × durchführen. Die übrigen (19/23/26) 27/28/30/30 M abk.

Taschen

Mit Stricknadeln Nr. 4,5 (10/10/10) 12/12/12/14 M anschlagen und in Farbe 2 (5/6/6) 7/7/8/8 cm glatt rechts str. Die M stilllegen. Zwei Taschen so anfertigen.

Linkes Vorderteil

Mit den 4er-Stricknadeln beginnen und (30/32/34) 36/38/40/42 M anschlagen. Mit der Hauptfarbe 6 R kraus rechts str. Mit den Nadeln Nr. 4,5 weiterarbeiten. Folgendermaßen str: (4/5/5) 5/5/6/6 M kraus rechts (für die Knopflochleiste), (8/8/9) 9/10/11/11 M glatt rechts, (10/10/10) 12/12/12/14 M kraus rechts (für die Tasche außen), (8/9/10) 10/11/11/11 M glatt rechts. Nach insgesamt (5/6/6) 7/7/8/8 cm (gemessen ab Bündchen) die mittleren (10/10/10) 12/12/12/14 M vom Taschenbündchen abk und die stillgelegten M einer Tasche hier aufn. Glatt rechts weiterstricken, mit einem kraus rechts gestrickten Bündchen für die Knopflochleiste: (4/5/5) 5/5/6/6 M kraus rechts und die übrigen M glatt rechts. Die Raglanschrägung so bilden wie beim Rückenteil. Nach insgesamt (23/25/27) 28/30/32/34 cm die M der Knopflochleiste stilllegen. Anschließend am Halsausschnitt 3 M (2 ×), 2 M (1 ×), 1 M (1 ×) abn. Unterdessen auch weiter für die Raglanschrägung abn.

Rechtes Vorderteil

Das rechte Vorderteil genauso str wie das linke, jedoch spiegelverkehrt. (4/4/5) 5/6/6/6 Knopflöcher (2 M zusstr, 1 Umschlag) jeweils nach der 2. M einarbeiten. Die Knopflöcher gleichmäßig verteilen; das 1. Knopfloch in der 5. R und das letzte in der Biese am Hals.

Ärmel

Mit den 4er-Stricknadeln beginnen und (32/34/36) 38/40/42/44 M anschlagen. In der Hauptfarbe 6 R kraus rechts str. Mit den Nadeln Nr. 4,5 über 20 R glatt rechts gestreift weiterarbeiten (2 R in der Hauptfarbe, 2 R in Farbe 2). Anschließend mit Grau weiterstricken. Beidseitig zun:
6/12/18 Monate: In jeder 6. R (5/6/6 ×) = 42/46/48 M.
2/4/6/8 Jahre: In jeder 8. R (6/7/8/9 ×) = 50/54/58/62 M.
Nach insgesamt (15/17/19) 21/24/27/30 cm beidseitig mit dem Abnehmen für die Raglanschrägung beginnen, und zwar wie beim Rückenteil. Dann die übrigen M abk.

Fertigstellen

Raglannähte schließen. Seitennähte und Ärmelunterseiten schließen. Die Taschen annähen. Mit den 4er-Nadeln um den Halsausschnitt M aufn, 6 R Bündchen kraus rechts str und abk. Knöpfe annähen.

Hannes

Jungenpullover in 2 Farben

GRÖSSEN (6/12/18 Monate) 2/4/6/8 Jahre

SIE BRAUCHEN

Strickgarn: Schachenmayr Merino extrafine 120, 100 % Schurwolle, (1/1/1) 2/2/3/3 × 50 g (120 m) von der Hauptfarbe (Dunkelgrün), (1/1/2) 2/2/3/3 × 50 g (120 m) von Farbe 2 (Grau)
Knöpfe: 6, Durchmesser 12 mm
Stricknadeln: Nr. 4 und 4,5

MUSTER

Perlmuster: R1: *1 M re, 1 M li*, R2: *1 M li, 1 M re*
Glatt rechts: *1 R re, 1 R li*

MASCHENPROBE

Glatt rechts: 10 cm × 10 cm = 21 M und 32 R

AUSFÜHRUNG

Rückenteil

Mit den 4er-Stricknadeln beginnen und (53/59/64) 67/74/78/83 M anschlagen. Mit der Hauptfarbe 4 R im Perlmuster str. Mit den Nadeln Nr. 4,5 glatt rechts weiterarbeiten. Nach insgesamt (15/17/18) 19/21/23/25 cm mit Farbe 2 weiterstricken. Nach insgesamt (17/19/20) 21/23/25/27 cm für die Armausschnitte beidseitig 2 M abk. Anschließend für die Raglanschrägung jeweils nach 2 M in jeder 2. R folgendermaßen abn: 2 M re, 1 einfacher Überzug, re str, bis noch 4 M auf der Nadel sind, 2 M zusstr, 2 M re. Diese Abn (15/16/17) 18/20/22/24 × durchführen. Die verbleibenden (19/23/26) 27/30/30/31 M abk.

Vorderteil

Wie das Rückenteil str. Nach insgesamt (23/25/27) 28/30/32/34 cm die mittleren (7/7/8) 9/10/10/11 M für den Hals abk. Dann beide Seiten getrennt weiterstricken. Am Halsausschnitt 3 M (1 ×), 2 M (1 ×), 1 M (1 ×) abn. Unterdessen weiter für die Raglanschrägung M abn. Die verbliebenen M abk.

Ärmel

Mit den 4er-Stricknadeln beginnen und (32/34/36) 38/40/42/44 M anschlagen. Mit der Hauptfarbe 4 R im Perlmuster str. Mit den Nadeln Nr. 4,5 glatt rechts weiterarbeiten. Nach insgesamt (5/5/6) 6/6/7/7 cm mit Farbe 2 weiterstricken. Beidseitig M zun:
6/12/18 Monate: In jeder 6. R (5/6/6 ×) = 42/46/48 M.
2/4/6/8 Jahre: In jeder 8. R (6/7/8/9 ×) = 50/54/58/62 M. Nach insgesamt (15/17/19) 21/24/27/30 cm beidseitig für die Raglanschrägung wie beim Rückenteil abn. Anschließend die übrigen M abk.

Fertigstellen

Auf der Rückseite Raglannähte schließen. Auf der Vorderseite Raglannähte bis 10 cm vor der Oberkante schließen. Seitennähte und Ärmelunterseiten schließen. Beim Vorderteil um den Halsausschnitt M aufn, 4 R Bündchen im Perlmuster str und die M abk. Beim Rückenteil am Hals wiederholen. Schlaufen anbringen und Knöpfe annähen.

Greta, siehe Seite 101

Tom, siehe Seite 99

Tom

Dicke, graue Wintermützen und Schlauchschal

GRÖSSEN 18 MONATE/ 2–4 JAHRE/6–8 JAHRE/10–12 JAHRE

SIE BRAUCHEN

Strickgarn für den Schlauchschal: Manos del Uruguay Classica semi-solid, 100 % Wolle, 1 × 100 g (126 m)
Stricknadeln: Nr. 7
Strickgarn für die Bommelmütze: Blue Sky Alpacas Bulky, 50 % Alpaka, 50 % Wolle, 1 × 100 g (46 m) und 30 g andere Wolle für die Bommel
Stricknadeln: Nr. 10

MUSTER

Kraus rechts: Alle R re str.
Bündchenmuster 1/1: R1: *1 M re, 1 M li*, R2: Die M so str, wie sie erscheinen.
Glatt rechts: *1 R re, 1 R li*

MASCHENPROBE

Für den Schlauchschal, glatt rechts: 10 cm × 10 cm = 14 M und 24 R
Für die Mütze, glatt rechts: 10 cm × 10 cm = 8 M und 16 R

AUSFÜHRUNG

Schlauchschal

72/76/80/84 M anschlagen und 4/4/6/6 R im Bündchenmuster 2/2 str. Kraus rechts weiterarbeiten. Nach insgesamt 12/14/16/18 cm über 4/4/6/6 R im Bündchenmuster 2/2 weiterstricken. Die M abk. Die beiden kurzen Seiten zusammennähen.

Bommelmütze

40/40/46/46 M anschlagen und 2 R im Bündchenmuster 1/1 str. Dann glatt rechts weiterarbeiten. Nach insgesamt 12/14/16/16 cm für den oberen Teil der Mütze folgendermaßen abn:
1. Abn: *7 M re, 2 M zusstr*.
Die linke R str.
2. Abn: *6 M re, 2 M zusstr*.
Die linke R str.
3. Abn: *5 M re, 2 M zusstr*.
Die linke R str.
Diese Abn untereinander wiederholen, bis 21 M übrig bleiben. Dann jeweils 2 M zusstr und den Faden durch die Restmaschen ziehen. Die Naht schließen. Zum Schluss eine Bommel anfertigen und schön fest auf die Mütze nähen.

Greta

Tom, siehe Seite 98

Fäustlinge Greta

Greta

Dicke Wintermütze,
Schal und Fäustlinge

GRÖSSEN 18 Monate (nur die Fäustlinge)
2–4 Jahre/6–8 Jahre/10–12 Jahre

SIE BRAUCHEN

Strickgarn für den Schal:
Cascade Baby Alpaca Chunky, 100 % Baby Alpaka, 1 × 100 g (100 m), Blue Sky Alpacas Bulky, 50 % Alpaka, 50 % Wolle, 1 × 100 g (46 m) für die Bommeln
Stricknadeln: Nr. 6
Strickgarn für die Mütze:
Cascade Baby Alpaca Chunky, 100 % Baby Alpaka, 2 × 100 g (100 m)
Stricknadeln: Nr. 10
Strickgarn für die Fäustlinge:
Cascade Baby Alpaca Chunky, 100 % Baby Alpaka, 1 × 100 g (100 m)
Stricknadeln: Nr. 6

MUSTER

Kraus rechts: Alle R re str.
Bündchenmuster 1/1: R1: *1 M re, 1 M li*, R2: Die M so str, wie sie erscheinen.

MASCHENPROBE

Für den Schal, kraus rechts: 10 cm × 10 cm = 16 M und 28 R
Für die Mütze, kraus rechts: 10 cm × 10 cm = 8 M und 16 R
Für die Handschuhe, kraus rechts: 10 cm × 10 cm = 16 M und 20 R

AUSFÜHRUNG

Schal mit Bommeln
(2–4/6–8/10–12 Jahre)
5 M anschlagen und 2 R kraus rechts str. Dann beidseitig in jeder 2. R folgendermaßen zun: 1 M re, 1 Zun in der R, re str, bis noch 1 M auf der Nadel ist, 1 Zun in der R, 1 M re. Diese Zun bis zur Anzahl von 19 M auf der Nadel wiederholen. Kraus rechts bis 80/100/120 cm Länge weiterstricken. Anschließend in jeder 2. R folgendermaßen abn: 1 M re, 2 M zusstr, re str, bis noch 3 M auf der Nadel sind, 2 M zusstr, 1 M re. Die letzten 5 M auf einmal abk. 2 große Bommeln anfertigen und fest an die Schalenden nähen.

Bommelmütze
(2–4/6–8/10–12 Jahre)
40/46/50 M anschlagen und 2 R im Bündchenmuster 1/1 str. Kraus rechts weiterarbeiten. Nach insgesamt 12/14/16 cm für den oberen Teil der Mütze folgendermaßen abn: *7 M re, 2 M zusstr*. 1 R re str. *6 M re, 2 M zusstr*. 1 R re str. *5 M re, 2 M zusstr*. 1 R re str usw. So weiterarbeiten, bis 21 M übrig bleiben. Dann jeweils 2 M zusstr und den Faden durch die verbleibenden M ziehen. Die Naht schließen. Eine Bommel anfertigen und schön fest auf die Mütze nähen.

Fäustlinge
(18 Monate/2–4/6–8/10–12 Jahre)
Mit dem rechten Fäustling beginnen. 27/29/31/33 M anschlagen und 8/8/10/10 R im Bündchenmuster 1/1 str. Dann kraus rechts folgendermaßen weiterstricken:

1. Zun für den Daumen: 14/15/16/17 M re, 1 Zun in der R, 1 M re, 1 Zun in der R, 12/13/14/15 M re. 1 R re str.
2. Zun für den Daumen: 14/15/16/17 M re, 1 Zun in der R, 3 M re, 1 Zun in der R, 12/13/14/15 M re. 1 R re str.
3. Zun für den Daumen: 14/15/16/17 M re, 1 Zun in der R, 5 M re, 1 Zun in der R, 12/13/14/15 M re. 1 R re str.
4. Zun für den Daumen: 14/15/16/17 M re, 1 Zun in der R, 7 M re, 1 Zun in der R, 12/13/14/15 M re. 1 R re str.

Diese Zun noch 2/2/3/4 × wiederholen (= 11/11/13/15 M für den Daumen).
Die M des Fäustlings stilllegen (= 26/28/30/32 M). Für den Daumen 8/10/10/12 R auf diese 11/11/13/15 M str und dann immer 2 M zusstr. Den Faden durch die verbliebenen M ziehen und den Daumen zunähen.

Die stillgelegten M wieder aufn. 2 M zusätzlich aufn, für die Basis des Daumens an der Stelle der Daumen-M. Kraus rechts weiterstricken. Nach insgesamt 10/12/13/14 cm für den oberen Teil des Fäustlings abn:
1. Abn: *2 M re, 2 M zusstr*. 1 R re str.
2. Abn: *1 M re, 2 M zusstr*. 1 R re str.
3. Abn: Immer 2 M zusstr. Den Faden durch die verbliebenen M ziehen und die Naht schließen.
Den linken Fäustling genauso arbeiten, jedoch spiegelverkehrt.

Ben

Jungenpullover mit unterschiedlichen Streifen GRÖSSEN 2/4/6/8/10 JAHRE

SIE BRAUCHEN

Strickgarn: Schachenmayr Merino extrafine 120, 100 % Schurwolle, 4/4/5/6/7 × 50 g (120 m) von der Hauptfarbe (Braun), 1 × 50 g (120 m) von Farbe 2 (Blau)
Knöpfe: 2, Durchmesser 12 mm
Stricknadeln: Nr. 4 und 4,5

MUSTER

Glatt rechts: *1 R re, 1 R li*
Bündchenmuster 2/2: R1: *2 M re, 2 M li*, R2: Die M so str, wie sie erscheinen.

MASCHENPROBE

Glatt rechts: 10 cm × 10 cm = 21 M und 32 R

AUSFÜHRUNG

Rückenteil

Mit den 4er-Stricknadeln beginnen und 66/70/74/78/82 M anschlagen. Mit der Hauptfarbe 4 R im Bündchenmuster 2/2 str. Mit den 4,5er-Nadeln glatt rechts weiterarbeiten. Nach insgesamt 21/23/25/27/30 cm für die Armausschnitte beidseitig 2 M abk. Anschließend beidseitig für die Raglanschrägung jeweils nach der 2. M in jeder 2. R folgendermaßen abn: rechts: 2 M re, 1 einfacher Überzug, re str, bis noch 4 M auf der Nadel sind, 2 M zusstr, 2 M re. Diese Abn 18/20/22/24/26 × wiederholen. Gleichzeitig folgendermaßen die Streifen gestalten: 2 R in der Hauptfarbe, 2 R in Farbe 2, 4 R in der Hauptfarbe, 4 R in Farbe 2, 2 R in der Hauptfarbe, 2 R in Farbe 2, 4 R in der Hauptfarbe, 2 R in Farbe 2. Dann wieder mit der Hauptfarbe weiterstricken. Nach insgesamt 30/31/32/34/36 cm für die Knopflochleiste die mittleren 4 M abk und beide Teile einzeln weiterstricken. Unterdessen weiter für die Raglanschrägung M abn. Die verbliebenen 26 M abk.

Vorderteil

Wie das Rückenteil str. Nach insgesamt 32/35/38/41/43 cm die mittleren 6/8/10/10/12 M abk und beide Seiten einzeln weiterstricken. Am Halsausschnitt 4 M (1 ×), 3 M (1 ×), 2 M (1 ×), 1 M (1 ×) abn. Unterdessen für die Raglanschrägung weiter abn. Die verbliebenen M abk.

Ärmel

Mit dem linken Ärmel beginnen. Mit den 4er-Nadeln 38/40/42/44/46 M anschlagen und mit der Hauptfarbe 4 R im Bündchenmuster 2/2 str. Glatt rechts mit den Nadeln Nr. 4,5 weiterarbeiten. Beidseitig in jeder 6. und 8. R zun (6/7/8/9/10 ×) = 50/54/58/62/66 M. Nach insgesamt 21/24/27/30/32 cm für die Raglanschrägung wie beim Rückenteil abn. Auch die Streifen wie beim Rückenteil arbeiten. Nach 15/17/19/21/23 Abn links 3 M abk (3 ×). Rechts für die Raglanschrägung weiter M abn. Den rechten Ärmel genauso arbeiten wie den linken, jedoch spiegelverkehrt.

Fertigstellen

Raglannähte schließen. Seitennähte und Ärmelunterseiten schließen. Um den Hals herum M aufn, 4 R im Bündchenmuster 2/2 str und abk. Auf dem Rücken für die Knopflochleiste M aufn. Links 3 Knopflöcher einarbeiten (2 M zusstr, 1 Umschlag). Knöpfe annähen.

ISABEL

Jäckchen mit Glitzerbündchen

GRÖSSEN 2/4/6/8/10 JAHRE

SIE BRAUCHEN

Strickgarn: La Droguerie Alpaga, 100 % Alpaka, 160 g (554 m)/180 g (623 m)/220 g (761 m)/240 g (830 m) von der Hauptfarbe (Blau), 20 g (69 m) von Farbe 2 (Braun), 1 kleines Knäuel dünner Glitzerfaden von Gütermann

Knöpfe: 5/5/6/6/6, Durchmesser 12 mm

Stricknadeln: Nr. 2,5 und 3,5

MUSTER

Glatt rechts: *1 R re, 1 R li*
Bündchenmuster 1/1: R1: *1 M re, 1 M li*, R2: Die M so str, wie sie erscheinen.

MASCHENPROBE

Glatt rechts: 10 × 10 cm = 26 M und 35 R

AUSFÜHRUNG

Rückenteil

Mit Stricknadeln Nr. 2,5 anfangen und 84/92/98/106/114 M anschlagen. Mit Farbe 2 und einem Glitzerfaden 6 R im Bündchenmuster 1/1 str. Dann mit den 3,5er-Nadeln glatt rechts in der Hauptfarbe weiterarbeiten. Nach insgesamt 22/24/26/28/30 cm für die Armausschnitte beidseitig abk: 3 M (1 ×), 2 M (2 ×), 1 M (1 ×). Nach insgesamt 35/38/41/44/46 cm die verbliebenen M locker abk.

Rechtes Vorderteil

Mit den Stricknadeln Nr. 2,5 beginnen und 42/46/50/54/58 M anschlagen. Mit Farbe 2 und einem Glitzerfaden 6 R im Bündchenmuster 1/1 str. Dann mit den 3,5er-Nadeln glatt rechts in der Hauptfarbe weiterarbeiten. Nach insgesamt 22/24/26/28/30 cm für die Armausschnitte wie beim Rückenteil abk. Nach insgesamt 30/32/35/38/41 cm für den Halsausschnitt in jeder 2. R abk: 7/8/8/9/9 M (1 ×), 3 M (1 ×), 2 M (2 ×), 1 M (2/2/3/3/3 ×). Nach insgesamt 35/38/41/44/46 cm die übrigen M abk.

Linkes Vorderteil

Genauso str wie das rechte Vorderteil, jedoch spiegelverkehrt.

Ärmel

Mit den Stricknadeln Nr. 2,5 beginnen und 49/51/51/53/56 M anschlagen. Mit Farbe 2 und einem Glitzerfaden 6 R im Bündchenmuster 1/1 str. Dann mit den 3,5er-Nadeln glatt rechts in der Hauptfarbe weiterarbeiten. Zugleich in jeder 6. R beidseitig 1 M zun (12/14/16/18/20 ×). Nach insgesamt 24/27/30/33/36 cm für die Armausschnitte wie beim Rückenteil M abn. Anschließend die übrigen M abk. Beide Ärmel identisch str.

Fertigstellen

Schulternähte schließen. Um den Hals herum mit 2,5er-Nadeln M aufn, 6 R im Bündchenmuster 1/1 str und abk. Dann am linken Vorderteil M aufn, 6 R im Bündchenmuster 1/1 str und abk. Am rechten Vorderteil wiederholen, jetzt jedoch 5/5/6/6/6 Knopflöcher einarbeiten (2 M zusstr, 1 Umschlag), schön über die Knopflochleiste verteilt. Die Ärmel einsetzen. Seitennähte und Ärmelunterseiten schließen. Die Knöpfe annähen.

TIPP

Das blau-weiß melierte Jäckchen ist nach der Anleitung „Mia" gestrickt (siehe Seite 107). Ich habe einen Faden Alpaka Natur und einen Faden Dunkelblau Madelinetosh Merino light verwendet.

Mia

Strickjacke mit runder Passe im Bündchenmuster

GRÖSSEN 6/12/18 MONATE
2/4/6/8/10 JAHRE

SIE BRAUCHEN

Strickgarne für die blaue Version: Madelinetosh Merino light, 100 % Merinowolle, (1/1/1) 1/2/2/2/2 × 100 g (384 m), Artesano 4ply Alpaca, 100 % Alpaka, (1/2/2) 2/3/3/4/4 × 50 g (184 m)
Strickgarn für die Babyversion (Foto S. 35): Schachenmayr Merino extrafine 120, 100 % Schurwolle, (2/3/3) 4/5/6/7/8 × 50 g (120 m)
Knöpfe: (4/4/5) 5/6/6/6/6, Durchmesser 13 mm
Stricknadeln: Nr. 4 und 4,5

MUSTER

Kraus rechts: Alle R re str.
Glatt rechts: *1 R re, 1 R li*
Bündchenmuster 1/1: R1: *1 M re, 1 M li*, R2: Die M so str, wie sie erscheinen.

MASCHENPROBE

Glatt rechts: 10 cm × 10 cm = 21 M und 28 R

AUSFÜHRUNG

Dieses Modell wird in einem Stück und mit doppeltem Faden gestrickt, je ein Faden Madelinetosh und Artesano. Sie beginnen am Hals.
Die Knopflöcher im Bündchen nicht vergessen, immer jeweils nach der 2. M; das erste Knopfloch (2 M zus-str, 1 Umschlag) in der 3. R machen und danach in jeder 16. R.

Passe

Mit den 4er-Stricknadeln beginnen und (61/69/77) 87/95/103/115/119 M anschlagen. (4) 6 R kraus rechts str. Dann mit den Nadeln Nr. 4,5 weiterarbeiten.
1. Zun: (4) 5 M kraus rechts, 1 Zun (1 M 2x str: 1 × vorn, 1 × hinten), *3 M, 1 Zun*, von * bis * wiederholen und mit (4) 5 M kraus rechts enden = (75/85/95) 107/117/127/142/147 M. 1 R re str. Anschließend im Bündchenmuster 1/1 weiterstricken, aber die ersten und die letzten (4) 5 M kraus rechts. (6/8/8) 10/10/12/12/14 R im Bündchenmuster 1/1 str.
2. Zun: (4) 5 M kraus rechts, 1 Zun, *3 M, 1 Zun*, von * bis * wiederholen, (2/0/2) 0/2/0/3/0 M, (4) 5 M kraus rechts = (92/105/117) 132/144/157/175/182 M. 1 R re str. (6/8/8) 10/10/12/12/14 R im Bündchenmuster 1/1 str, die ersten und die letzten 5 M immer kraus rechts.
3. Zun: (4) 5 M kraus rechts, 1 Zun, *3 M, 1 Zun*, von * bis * wiederholen, (3/0/0) 1/1/2/0/3 M, (4) 5 M kraus rechts = (113/130/145) 163/178/194/217/225 M. 1 R re str. Im Bündchenmuster 1/1 weiterstricken, die ersten und die letzten (4) 5 M immer kraus rechts. (6/8/8) 10/10/12/12/14 R im Bündchenmuster 1/1 str.
4. Zun: (4) 5 M kraus rechts, 1 Zun, *2 M, 1 Zun*, von * bis * wiederholen, (2/1/1) 2/2/0/2/1 M, (4) 5 M kraus rechts = (148/172/191) 214/234/256/286/297 M. 1 R re str.

Verteilung der Maschen

Jetzt glatt rechts weiterarbeiten und die M folgendermaßen verteilen: (23/26/29) 33/36/40/42/44 M für das linke Vorderteil, (29/34/37) 42/46/50/61/62 M für den linken Ärmel, (44/52/59) 63/70/75/80/85 M für das Rückenteil, (29/34/37) 42/46/50/61/62 M für den rechten Ärmel, (23/26/29) 33/36/40/42/44 M für das rechte Vorderteil.

Rückenteil und Vorderteile

Die M für die Ärmel stilllegen und auf den M von linkem Vorderteil, Rückenteil und rechtem Vorderteil glatt rechts weiterstricken. Die ersten und letzten 5 M immer glatt rechts str.
Nur für die drei kleinsten Größen: Zwischen jedem Vorderteil und dem Rückenteil 6 M hinzufügen = (102/116/129). Bis auf insgesamt (14/16/18) 20/22/24/26/28 cm str. Noch 8 R kraus rechts und abk.

Ärmel

Die M des Ärmels wieder aufn und glatt rechts weiterstricken.
Nur für die 3 kleinsten Größen: Beidseitig 3 M anschlagen = (26/40/43).
Beidseitig in jeder (6./8./8.) 10./10./12./12./12. R 2 M abk (3/3/3/4/4/5/5/5 ×). Bis auf (12/14/16) 18/20/22/24/26 cm glatt rechts str, noch 6 R kraus rechts und abk.

Fertigstellen

Zum Schluss die Nähte schließen und die Knöpfe annähen.

Lars

Kraus rechts gestrickter Pullover

GRÖSSEN 2/4/6/8/10 JAHRE

SIE BRAUCHEN

Strickgarn: Schachenmayr Merino extrafine 120, 100 % Schurwolle, 5/5/6/6/7 × 50 g (120 m), 4 Garnreste in verschiedenen Farben für die Bündchen
Knöpfe: 3, Durchmesser 12 mm
Stricknadeln: Nr. 4 und 4,5

MUSTER

Kraus rechts: Alle R re str.
Bündchenmuster 2/2: R1: *2 M re, 2 M li*, R2: Die M so str, wie sie erscheinen.

MASCHENPROBE

Kraus rechts: 10 cm × 10 cm = 21 M und 32 R

AUSFÜHRUNG

Rückenteil

Mit den 4er-Nadeln beginnen, 66/70/74/78/86 M anschlagen und 6 R im Bündchenmuster 2/2 str. Mit den Nadeln Nr. 4,5 kraus rechts weiterarbeiten. Nach insgesamt 20/22/24/26/28 cm beidseitig 1 M für die Armausschnitte abk. Anschließend beidseitig jeweils nach der 2. M in jeder 2. R 20/22/24/26/27 × für die Raglanschrägung abn: 2 M re, 2 M li zusstr, re str, bis noch 4 M auf der Nadel sind, 2 M li hinten zusstr, 2 M re. Gleichzeitig nach insgesamt 31/33/35/36/39 cm die mittleren 4 M für die Knopflochleiste abk und beide Teile einzeln weiterstricken. Die übrigen 10 M abk.

Vorderteil

Wie das Rückenteil str. Nach 15/17/19/21/22 Abn für die Raglanschrägung die mittleren 10 M abk. Beide Teile getrennt weiterstricken. Anschließend am Halsausschnitt in jeder 2. R abk: 3 M (1 ×), 2 M (1 ×), 1 M (1 ×). Gleichzeitig für die Raglanschrägung weiter abn. Die verbliebenen M abk.

Ärmel

Für den linken Ärmel mit den 4er-Nadeln 34/38/38/42/42 M anschlagen und 6 R im Bündchenmuster 2/2 str. Dann mit den Nadeln Nr. 4,5 kraus rechts weiterstricken. Beidseitig in jeder 10. R 1 M zun (7/7/8/9/10 ×) = 48/52/54/60/62 M. Nach insgesamt 20/22/24/25/27 cm wie beim Rückenteil die Raglanschrägung bilden. Nach 16/18/20/22/23 Abn links in jeder 2. R 3 M abk (3 ×). Rechts weiter M abn für die Raglanschrägung. Die verbliebenen M abk. Den rechten Ärmel genauso arbeiten, jedoch spiegelverkehrt.

Fertigstellen

Raglannähte schließen. Um den Hals 66/70/74/78/82 M aufn und 6 R im Bündchenmuster 2/2 str. Am rechten Vorderteil für die Knopflochleiste M aufn, 4 R im Bündchenmuster 2/2 arbeiten und locker abk. Auf der linken Seite wiederholen, nun jedoch auch Knopflöcher einarbeiten. Ärmelunterseiten und Seitennähte schließen. Knöpfe annähen.

TIPP

Diese Strickjacke ist nach der Anleitung „Jonathan und Julia" auf Seite 118 gearbeitet. Für die Bündchen wurde eine kontrastierende Farbe gewählt. Die Streifen sind je 2 Reihen kraus rechts.

Fabian

Weste mit Schalkragen

GRÖSSEN 2/4/6/8/10 JAHRE

SIE BRAUCHEN

Strickgarn: Madelinetosh DK, 100 % Merinowolle, 2/3/3/3/3 × 100 g (205 m)
Knöpfe: 4/4/5/5/5
Stricknadeln: Nr. 4 und 4,5

MUSTER

Glatt rechts: *1 R re, 1 R li*
Bündchenmuster 2/2: R1: *2 M re, 2 M li*, R2: Die M so str, wie sie erscheinen.

MASCHENPROBE

Glatt rechts: 10 cm × 10 cm = 21 M und 32 R

AUSFÜHRUNG

Rückenteil

Mit den 4er-Stricknadeln beginnen und 66/70/74/78/82 M anschlagen. 4 R im Bündchenmuster 2/2 str. Mit den Nadeln Nr. 4,5 glatt rechts weiterarbeiten. Nach insgesamt 23/25/27/29/32 cm beidseitig 2 M für die Armausschnitte abk = 64/68/72/76/80 M. Anschließend beidseitig abn für die Raglanschrägung, in jeder 2. R 2 M re, 1 einfacher Überzug, re str, bis noch 4 M auf der Nadel sind, 2 M zusstr, 2 M re. Diese Abn 4/4/4/5/5 × wiederholen = 56/60/64/66/70 M. Dann weiterstricken und nach insgesamt 36/39/42/45/47 cm die übrigen M abk.

Linkes Vorderteil

Mit den 4er-Stricknadeln beginnen und 32/36/40/44/44 M anschlagen. 4 R im Bündchenmuster 2/2 str. Mit den Nadeln Nr. 4,5 glatt rechts weiterarbeiten. Nach insgesamt 23/25/27/29/32 cm links für die Raglanschrägung wie beim Rückenteil mit dem Abn beginnen. Rechts zugleich für den V-Ausschnitt in jeder 2. R abn (16/17/18/19/20 ×). Nach insgesamt 36/39/42/45/47 cm die übrigen M abk.

Rechtes Vorderteil

Wie das linke Vorderteil arbeiten, jedoch spiegelverkehrt.

Ärmel

Mit den 4er-Stricknadeln beginnen und 40/44/44/48/48 M anschlagen. 4 R im Bündchenmuster 2/2 str. Mit den Nadeln Nr. 4,5 glatt rechts weiterarbeiten. Beidseitig in jeder 8. R zun (6/7/8/9/10 ×) = 52/58/60/66/68 M. Nach insgesamt 23/25/27/29/32 cm für die Raglanschrägung wie beim Rückenteil mit dem Abn beginnen. Die verbliebenen M abk. Beide Ärmel identisch str.

Fertigstellen

Schulternähte schließen. Ärmel einsetzen. Seitennähte und Ärmelunterseiten schließen. Um den Halsausschnitt 126/130/134/138/142 M aufn und im Bündchenmuster 2/2 folgendermaßen mit verkürzten Runden str:

R1 und R2: 2 R im Bündchenmuster 2/2 über alle M.
R3: Bis zu den letzten 30 M str und diese stilllegen, die Arbeit wenden und die ersten M 2 × str.
R4: Bis zu den letzten 30 M str und diese stilllegen, die Arbeit wenden und die ersten M 2 × str.
R5: Bis zu den letzten 9 M str (insgesamt 9 + 22 M) und diese stilllegen, die Arbeit wenden und die ersten M 2 × str.

R5 wiederholen, bis keine M mehr zum Stilllegen übrig sind. Dann alle M wieder aufn und noch 4 R im Bündchenmuster 2/2 str. In der 1. R die erste und die letzte (zusätzlich gemachte) M der stillgelegten M zusstr. Auf der linken Seite in der 3. R 4/4/5/5/5 Knopflöcher einarbeiten (2 M zusstr, 1 Umschlag).

MARCEL

Glatt rechts gestrickter zweifarbiger Pullover

GRÖSSEN 2/4/6/8/10 JAHRE

SIE BRAUCHEN

Strickgarn: Madelinetosh DK, 100 % Merinowolle, 50 g (103 m)/ 100 g (205 m)/100 g (205 m)/ 100 g (205 m)/100 g (205 m) von der Farbe für die Ärmel (Hellblau), 100 g (205 m)/100 g (205 m)/100 g (205 m)/100 g (205 m)/150 g (308 m) von der Farbe für Vorder- und Rückenteil (Grau)
Reißverschluss: 5 bis 10 cm
Stricknadeln: Nr. 4 und 4,5

MUSTER

Glatt rechts: *1 R re, 1 R li*
Bündchenmuster 2/2: R1: *2 M re, 2 M li*, R2: Die M so str, wie sie erscheinen.

MASCHENPROBE

Glatt rechts: 10 cm × 10 cm = 21 M und 32 R

AUSFÜHRUNG

Rückenteil

Mit den 4er-Stricknadeln beginnen und 66/70/74/78/82 M anschlagen. Mit Grau 4 R im Bündchenmuster 2/2 str. Mit den 4,5er-Nadeln glatt rechts weiterarbeiten. Nach insgesamt 21/23/25/27/30 cm für die Armausschnitte beidseitig 2 M abk. Anschließend beidseitig für die Raglanschrägung jeweils nach der 2. M in jeder 2. R abn: 2 M re, 1 einfacher Überzug, re str, bis noch 4 M auf der Nadel sind, 2 M zusstr, 2 M re. Diese Abn 18/20/22/24/ 26 × wiederholen. Die verbliebenen 26 M abk.

Vorderteil

Das Vorderteil wie das Rückenteil str. Nach insgesamt 32/35/38/ 41/44 cm die mittleren 6/10/10/ 12/12 M abk. Beide Teile getrennt weiterstricken. Am Halsausschnitt 4 M (1 ×), 3 M (1 ×), 2 M (1 ×), 1 M (1 ×) abn. Unterdessen für die Raglanschrägung weiter abn.

Linker Ärmel

Mit den 4er-Stricknadeln beginnen und 38/40/42/44/46 M anschlagen. Mit Blau 4 R im Bündchenmuster 2/2 str. Mit den 4,5er-Nadeln glatt rechts weiterarbeiten. Beidseitig in jeder 6. und 8. R zun (6/7/8/9/10 ×) = 50/54/58/62/66 M. Nach insgesamt 21/24/27/30/32 cm wie beim Rückenteil für die Raglanschrägung mit dem Abn beginnen. Nach 15/ 17/19/21/23 Abn links 3 M abk (3 ×). Rechts weiter für die Raglanschrägung abn.

Rechter Ärmel

Genauso str wie den linken Ärmel, jedoch spiegelverkehrt.

Fertigstellen

Raglannähte schließen; die Raglannaht rechts vorn bis 5 cm vor dem Halsausschnittrand schließen. Seitennähte und Ärmelunterseiten schließen. Um den Hals herum M aufn, mit den 4er-Nadeln noch 4 R im Bündchenmuster 2/2 str und abk. Anschließend einen Reißverschluss in die Raglannaht vorn rechts nähen.

JONATHAN UND JULIA

Kraus rechts gestrickter Cardigan mit Bündchen   GRÖSSEN 2/4/6/8/10 JAHRE

SIE BRAUCHEN
Strickgarn: Blue Sky Alpacas Melange, 100 % Baby Alpaka, 4/5/6/7/8 × 50 g/100 m
Knöpfe: 6/6/7/7/8, Durchmesser 12 mm
Stricknadeln: Nr. 4 und 4,5
Markierringe: 4

MUSTER
Kraus rechts: Alle R re str.
Bündchenmuster 2/2: R1: *2 M re, 2 M li*, R2: Die M so str, wie sie erscheinen.

MASCHENPROBE
Kraus rechts: 10 cm × 10 cm = 20 M und 32 R

AUSFÜHRUNG
Rückenteil
Mit den 4er-Stricknadeln beginnen und 66/70/74/78/82 M anschlagen. 4 R im Bündchenmuster 2/2 str. Mit den 4,5er-Nadeln kraus rechts weiterarbeiten. Nach insgesamt 22/24/26/28/29 cm die M stilllegen.

Linkes Vorderteil
Mit den 4er-Stricknadeln beginnen und 34/38/38/42/42 M anschlagen. 4 R im Bündchenmuster 2/2 str. Mit den 4,5er-Nadeln kraus rechts weiterarbeiten. Nach insgesamt 22/24/26/28/29 cm die M stilllegen.

Rechtes Vorderteil
Wie das linke Vorderteil str.

Ärmel
34/38/42/42/46 M anschlagen und mit den 4er-Nadeln 4 R im Bündchenmuster 2/2 str. Mit den 4,5er-Nadeln kraus rechts weiterarbeiten. Beidseitig in jeder 10. R 1 M zun (7/8/9/10/10 ×) = 48/54/60/62/66 M. Nach insgesamt 22/24/26/28/30 cm die M stilllegen. Beide Ärmel identisch str.

Runde Passe
Für die runde Passe alle M folgendermaßen wieder aufn: M linkes Vorderteil, M linker Ärmel, M Rückenteil, M rechter Ärmel, M rechtes Vorderteil = 230/254/270/286/298 M. Mit den 4,5er-Nadeln kraus rechts weiterarbeiten.

In der 1. R immer die letzte und die erste M von jeweils linkem Vorderteil und linkem Ärmel, linkem Ärmel und Rückenteil, Rückenteil und rechtem Ärmel, rechtem Ärmel und Vorderteil zusstr. Dies folgendermaßen durchführen: 32/36/36/40/40 M re, Markierring einsetzen, 1 M re, 2 M zusstr, 45/51/57/59/63 M re, Markierring einsetzen, 1 M re, 2 M zusstr, 63/67/71/75/79 M re, Markierring einsetzen, 1 M re, 2 M zusstr, 45/51/57/59/63 M re, Markierring einsetzen, 1 M re, 2 M zusstr, 33/37/37/41/41 M re = 226/250/266/282/294 M.

Die nächste R re str und die Markierringe umsetzen (= Markierring von der linken auf die rechte Stricknadel setzen). Anschließend für die Raglanschrägung folgendermaßen abn: re str bis 2 M vor dem Markierring, 2 M li zusstr, Markierring umsetzen, 2 M re str, 2 M li zusstr, bis 2 M vor dem nächsten Markierring str usw. = 8 Abn. Die Rückreihe re str und die Markierringe umsetzen. Diese Abn 19/21/23/25/26 × wiederholen. Zugleich nach insgesamt 28/30/32/34/35 cm den Halsausschnitt bilden, dazu beidseitig in jeder 2. R abk: 3 M (1 ×), 2 M (1 ×), 1 M (2 ×). Die verbliebenen 60/68/68/68/72 M stilllegen.

Fertigstellen
Für das Bündchen 7 M um den Hals des linken Vorderteils aufn, die stillgelegten M aufn, 7 M um den Hals des rechten Vorderteils aufn. Mit den 4er-Nadeln 4 R im Bündchenmuster 2/2 str und dann abk. Am linken Vorderteil M aufn und 4 R im Bündchenmuster 2/2 str. Auf der rechten Seite wiederholen, jetzt jedoch auch 6/6/7/7/8 Knopflöcher einarbeiten (2 M zusstr, 1 Umschlag), das erste nach der 4. M ab der Unterkante und das letzte 4 M vor der Oberkante. Die anderen Knopflöcher dazwischen verteilen. Ärmelunterseiten und Seitennähte schließen. Die Knöpfe annähen.

TIPP
Die Bündchen im Bündchenmuster 2/2 können Sie auch in einer anderen Farbe str, den Cardigan auch kraus rechts gestreift (2 R in Grau/2 R in Orange), Foto Seite 112/113.

Leon

Pullover mit bunten Streifen
an den Ärmeln

GRÖSSEN 2/4/6/8/10 JAHRE

SIE BRAUCHEN

Strickgarn: Schachenmayr Merino extrafine 120, 100 % Schurwolle, 10 g (24 m) von jeder Farbe für die Ärmel, 2/3/3/3/4 × 50 g (120 m) von Farbe 1 (Grau), 2/2/3/3/4 × 50 g (120 m) von Farbe 2 (Hellbraun)
Stricknadeln: Nr. 4 und 4,5

MUSTER

Bündchenmuster 2/2: R1: *2 M re, 2 M li*, R2: Die M so str, wie sie erscheinen.
Glatt rechts: *1 R re, 1 R li*

MASCHENPROBE

Glatt rechts: 10 cm × 10 cm = 21 M und 28 R

AUSFÜHRUNG

Rückenteil

Mit den 4er-Stricknadeln beginnen und 66/70/74/78/82 M anschlagen. 4 R im Bündchenmuster 2/2 mit Farbe 1 str. Mit den 4,5er-Nadeln glatt rechts in Streifen (2 R in Farbe 1, 2 R in Farbe 2) weiterarbeiten. Nach insgesamt 21/23/25/27/30 cm für die Armausschnitte beidseitig 2 M abk. Anschließend für die Raglanschrägung jeweils nach der 2. M in jeder 2. R abn: 2 M re, 1 einfacher Überzug, re str, bis noch 4 M übrig bleiben, 2 M zusstr, 2 M re. Diese Abn 18/20/22/24/26 × wiederholen. Die übrigen 26 M abk.

Vorderteil

Wie das Rückenteil str. Gleichzeitig nach insgesamt 32/35/38/41/43 cm die mittleren 6/10/10/12/12 M abk und beide Teile einzeln weiterarbeiten. Am Halsausschnitt 4 M (1 ×), 3 M (1 ×), 2 M (1 ×), 1 M (1 ×) abn. Unterdessen für die Raglanschrägung weiter M abn. Die verbliebenen M abk.

Ärmel

Für den linken Ärmel mit den Stricknadeln Nr. 4 beginnen und 38/40/42/44/46 M anschlagen. 4 R im Bündchenmuster 2/2 str. Mit den 4,5er-Nadeln glatt rechts in Streifen folgendermaßen weiterarbeiten: 2 R in Grau, 2 R in Hellbraun, 2 R in Gelb, 2 R in Blau, 2 R in Grau, 2 R in Hellbraun, 2 R in Rot, 2 R in Grau, 2 R in Hellbraun, 2 R in Orange, 2 R in Grau, 2 R in Hellbraun, 2 R in Gelb, 2 R in Blau, 2 R in Grau, 2 R in Hellbraun usw. Beidseitig in jeder 6. und 8. R zun (6/7/8/9/9 ×) = 50/54/58/62/64 M. Nach insgesamt 21/24/27/30/32 cm für die Raglanschrägung wie beim Rückenteil abn. Nach 15/17/19/21/23 Abn links in jeder 2. R 3 M abk (3 ×). Auf der anderen Seite für die Raglanschrägung weiter abn. Die verbliebenen M abk. Den rechten Ärmel genauso arbeiten, jedoch spiegelverkehrt.

Fertigstellen

Raglannähte schließen. Seitennähte und Ärmelunterseiten schließen. Um den Hals herum M aufn und 4 R im Bündchenmuster 2/2 str. Dann locker abk.

Lola

Winterjacke mit Kapuze

GRÖSSEN 2/4/6/8/10 JAHRE

SIE BRAUCHEN

Strickgarn: Artesano Aran, 50 % Schurwolle, 50 % Alpaka, 3/3/4/5/6 × 100 g (132 m) von der Hauptfarbe (Anthrazit), 1 × 100 g (132 m) von Farbe 2 (Rot)
Knöpfe: 5/5/6/6/7, Durchmesser 15 mm
Stricknadeln: Nr. 5 und 5,5

MUSTER

Glatt rechts: *1 R re, 1 R li*
Bündchenmuster 2/2: R1: *2 M re, 2 M li*, R2: Die M so str, wie sie erscheinen.

MASCHENPROBE

Glatt rechts: 10 cm × 10 cm = 15 M und 22 R

AUSFÜHRUNG

Rückenteil

Mit Stricknadeln Nr. 5 beginnen, mit Farbe 2 54/58/62/66/70 M anschlagen und 6 R im Bündchenmuster 2/2 str. Mit den 5,5er-Nadeln in der Hauptfarbe glatt rechts weiterarbeiten. Nach insgesamt 23/25/27/29/31 cm beidseitig für die Armausschnitte 2 M abk = 50/54/58/62/66 M. Anschließend für die Raglanschrägung beidseitig in jeder 2. R jeweils nach der 2. M abn (15/16/17/18/19 ×), indem jeweils 2 M li zusgestr werden. Die übrigen 20/22/24/26/28 M abk.

Linkes Vorderteil

Mit den Stricknadeln Nr. 5 beginnen und mit Farbe 2 26/30/34/38/42 M anschlagen. 6 R im Bündchenmuster 2/2 str. Dann mit den 5,5er-Nadeln in der Hauptfarbe glatt rechts weiterarbeiten. Nach insgesamt 23/25/27/29/31 cm für die Armausschnitte links 2 M abk = 24/28/32/36/40 M. Anschließend links für die Raglanschrägung wie beim Rückenteil zun. Nach insgesamt 32/35/38/41/44 cm für den Hals in jeder 2. R rechts abk: 4 M (1 ×), 3 M (1 ×), 2 M (1 ×), 1 M (1 ×). Auf der linken Seite für die Raglanschrägung weiter M abn. Die verbliebenen M abk.

Rechtes Vorderteil

Genauso str wie das linke Vorderteil, jedoch spiegelverkehrt.

Ärmel

Für den linken Ärmel mit den 5er-Nadeln 30/34/34/38/38 M anschlagen und mit Farbe 2 6 R im Bündchenmuster 2/2 str. Dann mit den 5,5er-Nadeln in der Hauptfarbe glatt rechts weiterarbeiten. Beidseitig 1 M in jeder 8. R zun (6/6/7/7/8 ×) = 42/46/48/52/54 M. Anschließend nach insgesamt 23/25/27/29/31 cm für die Armausschnitte beidseitig 2 M abk. Dann beidseitig für die Raglanschrägung wie beim Rückenteil abn. Nach 12/13/14/15/16 Abn links abk: 3 M (3 ×). Rechts für die Raglanschrägung weiter abn. Die verbliebenen M abk. Den rechten Ärmel gegengleich str.

Kapuze

Mit den 5,5er-Nadeln 70/74/78/82/86 M anschlagen und 14/14/15/15/16 cm in der Hauptfarbe glatt rechts str. Die ersten und die letzten 22/24/26/28/30 M abk und auf den mittleren 26 M weiterstricken. Beidseitig in jeder 6. R 1 M abn (4/4/5/5/5 ×) = 18/18/16/16/16 M. Die verbliebenen M abk.

Fertigstellen

Raglannähte schließen. Seitennähte und Ärmelunterseiten schließen. Seitenkanten der Taschen schließen. Die beiden Kapuzennähte schließen. Die Kapuze in den Halsausschnitt nähen. Dann um Vorderteil und Kapuze M aufn (linkes Vorderteil – Kapuze – rechtes Vorderteil). Mit den 4er-Nadeln 6 R im Bündchenmuster 2/2 str und abk. Gleichzeitig in der 3. R auf der rechten Seite 5/5/6/6/7 Knopflöcher in das Bündchen einarbeiten (Knopfloch: 2 M zusstr, 1 Umschlag), das erste nach der 4. M ab der Unterkante und das letzte 4 M vor der Kapuze. Zum Schluss die Knöpfe annähen.

TIPP

Die Jungenjacke in Beige mit grünen Bündchen und Reißverschluss in der Kapuze ist nach der Anleitung „Tim" gestrickt (siehe Seite 67).

Jan und Jana, siehe Seite 126

Lola

Tim, siehe Seite 67

Jan und Jana

Schal, Mütze und Fäustlinge

GRÖSSEN 2–4/6–8/10 JAHRE

SIE BRAUCHEN
Strickgarn: Artesano Aran, 50 % Schurwolle, 50 % Alpaka, 1 × 100 g (132 m), Garnreste in verschiedenen Farben
Stricknadeln: Nr. 5 und 5,5
Markierringe: 2

MUSTER
Glatt rechts: *1 R re, 1 R li*
Bündchenmuster 2/2: R1: *2 M re, 2 M li*, R2: Die M so str, wie sie erscheinen.
Fantasiemuster: R1–R3: Alle M re str, R2/R4/R6: Alle M li str, R5: 1 M re, *7 M re, 1 M li*, 1 M re

MASCHENPROBE
Glatt rechts: 10 cm × 10 cm = 15 M und 22 R

AUSFÜHRUNG
Fäustlinge
Mit den Stricknadeln Nr. 5 beginnen und 27/29/31 M anschlagen. 8/10/12 R im Bündchenmuster 2/2 str. Glatt rechts mit den Nadeln Nr. 5,5 weiterarbeiten. 2 R str. Anschließend die M folgendermaßen aufteilen und für den Daumen M zun: 13/14/15 M re, Markierring einsetzen, 1 Zun in der R, 1 M re, 1 Zun in der R, Markierring einsetzen, 13/14/15 M re. 1 R li str. Diese Zun direkt vor und direkt nach den Markierringen noch 3/4/5 × in jeder 2. R wiederholen. Zwischen den Markierringen sind nun 9/11/13 M. Anschließend die M zwischen den Markierringen für den Daumen stilllegen. An dieser Stelle 2 neue M anschlagen und glatt rechts für den oberen Teil des Fäustlings weiterstricken = 28/30/32 M. Nach insgesamt 12/13/14 cm für den oberen Teil des Fäustlings M abn. Die Farbe wechseln.
1. Abn: *3 M re, 2 M zusstr*, 2/0/1 M re. 1 R li str.
2. Abn: *2 M re, 2 M zusstr*, 2/0/1 M re. 1 R li str.
3. Abn: *1 M re, 2 M zusstr*, 2/0/1 M re. 1 R li str.
Zum Schluss immer 2 M zusstr und den Faden durch die verbliebenen M ziehen. Jetzt die stillgelegten M für den Daumen aufn. Noch 2/2/3 cm str und dann immer jeweils 2 M zusstr. Den Faden durch die verbliebenen M ziehen. Zum Schluss die Seiten von Fäustling und Daumen schließen.

Schal
Mit den 5,5er-Nadeln 22/26/30 M anschlagen und mit Grau 10 R kraus rechts str. Dann in Streifen weiterarbeiten (2 R in Grau, 2 R in Blau). Nach insgesamt 75/85/95 cm noch 10 R mit Grau str und dann die M abk.

Blaue Mütze
Mit den 5er-Nadeln 74/82/90 M anschlagen und 6 R im Bündchenmuster 2/2 str. Kraus rechts mit den Nadeln Nr. 5,5 weiterarbeiten. Nach insgesamt 11/12/13 cm für den oberen Teil der Mütze in jeder 2. R folgendermaßen abn:
1. Abn: 1 M re, *6 M re, 2 M zusstr*, 1 M re. 1 R re str.
2. Abn: 1 M re, *5 M re, 2 M zusstr*, 1 M re. 1 R re str.
3. Abn: 1 M re, *4 M re, 2 M zusstr*, 1 M re. 1 R re str.
4. Abn: 1 M re, *3 M re, 2 M zusstr*, 1 M re. 1 R re str.
5. Abn: 1 M re, *3 M re, 2 M zusstr*, 1 M re. 1 R re str.
6. Abn: 1 M re, *2 M re, 2 M zusstr*, 1 M re. 1 R re str.
7. Abn: 1 M re, *1 M re, 2 M zusstr*, 1 M re. 1 R re str.
Anschließend immer 2 M zusstr und den Faden durch die verbliebenen M ziehen. Die Naht schließen.

Grüne Mütze
So arbeiten wie die blaue Version, aber statt kraus rechts das Fantasiemuster str.

Rote Mütze
74/82/90 M anschlagen und mit den 5er-Nadeln 6 R kraus rechts str. Glatt rechts mit den Nadeln Nr. 5,5 weiterarbeiten. Die 8./14./18./20. R re str statt li str. Ab der 20. R kraus rechts weiterarbeiten. Zugleich nach insgesamt 11/12/13 cm für den oberen Teil der Mütze in jeder 2. R M abn wie bei der blauen Mütze.

Bezugsquellen

Die im Buch angegebenen Garne sind unter anderem bei folgenden Onlinehändlern erhältlich:

S. 25, 40, 84, 88, 98, 101
www.lovecrafts.com

S. 26, 28, 31, 33, 39, 46, 51, 52, 57, 58, 64 (Version 1)
www.schmeichelgarne.de

S. 34, 49, 76, 79, 82, 85, 90 (Madelinetosh), 107 (Madelinetosh), 114, 117
www.wollbox.de

S. 36, 107 (Artesano 4ply Alpaca)
www.paradiseofyarn.de

S. 43, 67 (Version 2), 122, 127
www.wollewelten.de

S. 45, 64 (Version 2), 72, 118
www.naturesluxury.com

S. 54, 60, 62, 75, 93, 95, 102, 107 (Schachenmayr), 110, 121
www.wollstudio.com

S. 67 (Version 1), 68
www.maschenfein.de

S. 90 (La Droguerie Plumette), 104
www.ladroguerie.com

S. 90 (Anchor Artiste Lurex)
www.schoenes-fuer-jeden.de

ISBN 978-3-517-09519-6

5. Auflage 2022
© 2016 by Südwest Verlag, einem Unternehmen der Penguin Random House Verlagsgruppe GmbH, Neumarkter Straße 28, 81673 München

© der belgischen Originalausgabe 2014 by Lannoo Publishers nv – www.lannoo.com
Die Originalausgabe erschien auf Niederländisch unter dem Titel *Jules & Julie. Breiwerkjes voor baby's en kinderen.*
Modelle, Anleitungen, Schnitte: © Julie Jaeken
Fotos: Clair Obscur – www.fotografieclairobscur.be
Gestaltung: Leen Depooter – quod. voor de vorm

Jegliche Verwertung der Texte und Bilder, auch auszugsweise, ist ohne die Zustimmung des Verlags urheberrechtswidrig und strafbar.

Sollte diese Publikation Links auf Webseiten Dritter enthalten, so übernehmen wir für deren Inhalte keine Haftung, da wir uns diese nicht zu eigen machen, sondern lediglich auf deren Stand zum Zeitpunkt der Erstveröffentlichung verweisen.

Die Modelle in diesem Buch dürfen nur für den eigenen Bedarf nachgearbeitet werden. Jede Verwendung für kommerzielle Zwecke ist ohne Genehmigung der Designerin bzw. des Verlags nicht erlaubt.

Projektleitung dieser Ausgabe: Dr. Iris Hahner
Umschlaggestaltung: Atelier Versen, Bad Aibling
Übersetzung: SAW Communications, Mainz, Martina Fischer
Redaktion, Satz und Producing: SAW Communications, Redaktionsbüro Dr. Sabine A. Werner, Mainz, in Zusammenarbeit mit Anke Enders – alles mit Medien, Mainz
Satz dieser Ausgabe: Nadine Thiel
Herstellung: Elke Cramer

Die Informationen in diesem Buch sind von der Autorin und dem Verlag sorgfältig geprüft, dennoch kann eine Garantie nicht übernommen werden. Eine Haftung der Autorin bzw. des Verlags und seiner Beauftragten für Personen-, Sach- und Vermögensschäden ist ausgeschlossen.

Penguin Random House Verlagsgruppe FSC® N001967

Druck und Bindung: aprinta Druck GmbH, Wemding

Printed in Germany
www.suedwest-verlag.de